これが現象学だ

徹

講談社現代新書

目次

章扉パターン／風間玲子
本文中イラスト／秋田カズシゲ

序章　あなたと私が現象学だ

転換期の大いなる気概

「絶対的なねばならない」。冒頭から奇妙な言葉を登場させて恐縮だが、これはドイツ語のein absolutes Mussの直訳である。英語に言い換えると（といっても、あまり変わらない）、an absolute mustになる。ドイツ語のmussも英語のmustも「ねばならない」とか「にちがいない」などといった意味をもった助動詞だが、これが名詞として使われている。これは、事柄のうえで（人間とは無関係に）生じる「必要」や「必然」を表わすだけでなく、人間が（選択の余地なく）果たすべき「義務」や「使命」も表わす。そして、この言葉を、これ以上強い表現がないほどに強い形容詞「絶対的な」(absolut)が修飾している。かくして、「絶対的なねばならない」は格別に強い義務感／使命感を表わす。こんな言葉でみずからの思想を表現しつつ、それを確立しようとした人がいた。エトムント・フッサール（一八五九～一九三八年）である。そして、その思想が「現象学」である。

フッサールは一九〇〇／〇一年に『論理学研究』を上梓した。これは、フッサールが現象学を形成するうえでの「突破口」となった著作だった。しかも、これを彼が一九世紀から二〇世紀への転換期に上梓したという事実からは、新世紀を切り開こうとする強い意欲が窺われる。じっさい、この著作は、精神分析を創始したS・フロイト（一八五六～一九三九年）の『夢判断』（一九〇〇年）とともに、二〇世紀の思想全体に大きな衝撃を与えたのである。興味深いことに、フッサールとフロイトはともにウィーンの文化圏で育ったし、そして、このほぼ同年代の両者より少し若いL・ウィトゲンシュタイン（一八八九〜一九五一年）もそうである。だが、このことの意味については後に述べることにして、今はフッサール現象学の話を進めよう。その影響を受けた人々の名前を挙げると、M・ハイデガー、J－P・サルトル、M・メルロ＝ポンティ、E・レヴィナス、J・デリダ……。さらに日本の西田幾多郎や和辻哲郎も加えてもよい。現象学の重力圏がどれほど広がっているか、理解されるだろう（日本では哲学者はあまり有名にならないので、これら哲学の「有名人」をご存知ない方もおられるかもしれないが、それはそれでかまわない）。

さて、それでは、現象学とは具体的にはどんな哲学なのか。これを明らかにするために本書は書かれた。だが、フッサールが一生を賭け、そして二〇世紀を代表するまでに成長した哲学だから、そう簡単ではない。だから、初学者のためにそれを解説する本が必要になるし、じっさい、それを試みた本がこれまでに何冊も刊行されてきた。古典的と言えるような本もある。しかし、筆者は不満も感じる。内容的に優れているがやや古いため今読むと重要な新資料を欠いている本、わかりやすくそれなりに面白いが（正直に言ってかなりひどい）誤解や曲解にもとづいた本、あるいは（そこまでひどくなくても）一面的な本もある。

現象学は、創始者フッサールにおいて何段階かの変化を遂げたし、その後の現象学者たちにおいてもそうだった。これは、理論を強引に体系化しようとするよりも、現に経験される事象そのものに忠実であろうとする哲学の運命である。しかし、こうした変化を運命的に孕む現象学は、直進的ではありえないから、誤解・曲解を受ける危険を運命的に孕むのである。とはいえ、この危険は可能なかぎり避けねばならない。そこで本書は、現象学を、まず基本的な諸着想にまで分「解」し、そこから——その変化を追えるように——再構成しつつ「説」明したいと思う。

本書は、この意味で徹底的に「解・説」することをめざす。もちろん、できるだけ知的な消化吸収がしやすいように工夫したつもりである。満腹時のリラックスを促す「コーヒーブレイク」も配置されている。とはいえ、全体としては、多少の歯ごたえがある。本書は、知的カルシウム不足にならない程度に「骨太」に書かれている。そのため、読者諸賢(以下、「あなた」と呼ぶことをお許しいただきたい)にはフッサールと同様の気概をもって本書を読み進んでいただきたいと思って、冒頭の言葉を引いた次第である。

本書を上梓する筆者(私)自身もいくらか野心的である。私も(気概だけは)フッサールと同様に、本書が新世紀の哲学を新たに始めるための手がかりになるように書き進めたいと思う。

学問と現実

そもそも、フッサールの目標は何だったのか。それは、「学問としての哲学」――それどころか「厳密学としての哲学」――として「現象学」を樹立することだった。「学問としての哲学」の樹立というのは、かなり「硬派」の試みである。それは、たとえば個人的な人生観としての哲学とか、世界観としての哲学などとは異なる。言い換えれば、それは、各人各様のものであったり、そのつど別様のものであったりするのではなく、そうした相対性を越えた「普遍妥当性」を持たねばならない。

では、フッサールはなぜこれを求めたのか。「学問」と言ってすぐ思い浮かぶのは、数学や物理学であろう。これらも硬派の学問だが、これらは学問の基準を満たしているように思われる。フッサール自身、若き日には数学を志した。数学は最も普遍妥当的な学問であろう。彼はこうした学問に情熱を傾けていた。

ところが、当時、まさにその数学が、さらには諸学問の全体が、「危機」に陥っていると感じられるようになった。諸学問の危機。これがどういうものかについては、後述をお待ちいただかねばならない。しかし、とりあえずごく大雑把に言えば、諸学問がいわば宙に浮いてしまい、抽象的で空虚な「理論＝理屈」になってしまったのである。諸学問の基盤が、そして諸学問の意味が、見失われてしまった。いや、むしろ諸学問みずからがおのれの基盤を――そしておのれの意味を――覆い隠してしまった、と言うべきかもしれない。「抽象的」で「空虚」になってしまった学問。西洋とは異なった文化伝統をもつ日本だが、しかし、現在の日本でも、学問はこのように感じられているのではなかろうか。とりわけ若い世代で学問への情熱が失われている背景には、その地盤喪失・意味喪失ということもありそうである。学問は緑色でなく、灰色である。学問は、自分がこの世界で生きることとどう関係しているのか、およそ無関係ではないのか。それよりはるかに生き生きと感じられることが、他にたくさんあるのではないか。学問の府であるはずの大学ですら、学問というより、単位だけが関心事である、しかも、この社会状況では、「資格」につながる単位だけが……。

しかし、「理性」の伝統をもち、「学問」をおのれのアイデンティティとしてきたヨーロッパでは、当時の危機は、現在の日本よりもはるかに深刻に受けとめられた。なかでもそれを最も深刻に受けとめたのが、フッサールである。このとき、彼はこう考えた。学問には基盤がある。その基盤を、あるいは、その始原（起源／根源）を、探さねばならない。そして、そこから諸学問を厳密に基礎づけねばならない。このことによって危機は克服される。

では、学問の始原はどこにあるのか。フッサールの答えは、たとえば、プレスナーという人が伝えている、次のエピソードからも読み取られるだろう。「フッサール家の庭の戸口まで来たとき、彼の深い不快感が爆発した。『ドイツ観念論のすべてが私にはいつも糞食らえという感じだった。私は生涯にわたって』――こう言いながら彼は、銀の柄のついた細いステッキを震わせてから、そのステッキを戸口の柱に押し当てて前屈みになった――『現実を求めてきた』」。

「現実」という言葉も、大きな広がりをもった言葉である。そして、最終的には、そういう広がりをもった意味で理解されてよい。しかし、順番に進もう。まずもってフッサールがここで言う「現実」とは、簡単に言えば、私たちが見たり触れたりしている当のもの――ステッキで指し示されるようなもの――であり、もう少し正確に言えば、（あらゆる学説に先立って）直接に経験している当のものである。そして、この「現実」が諸学問の始原である。なんだ、当たり前だ、と言われるかもしれない。ところが、なんと、この現実が覆い隠され、見失われてしまった、だから学問の危機が生じた、とフッサールは考えたのである。

この覆い隠された現実を発掘することが、「学問としての哲学」の最初の任務である。

そして、この現実は諸学問の始原なのだから、「学問としての哲学」はまずもって始原についての学問・根源学でなければならない。「始原」を意味するギリシャ語「アルケー」を用いて言えば、哲学は、諸学問の「アルケー」を発掘する「ロゴス」、すなわち「アルケオロジー」でなければならない（ただ、「アルケオロジー」の語はふつう「考古学」を意味してしまうため、フッサールは、残念がって、「現象学的アルケオロジー」という言葉も使っていた）。ところが、ドイツ観念論は、この始原としての現実を見ようとせずに勝手な思弁を展開した、それゆえ、それはそもそも学問としての哲学ではない、それどころか、それは学問としての哲学を歪めてしまった、だから、そんなものは「糞食らえ」だということになる。

現実は直接に経験される。だから、現実を求めるということは、直接経験に帰るということである。そして、この直接経験においてこそ与えられるのが「事象そのもの」である——いや、現実、直接経験、事象そのもの、これらはほとんど同じものを指し示す類義語だと言ったほうがよいだろう。ここから、現象学の基本姿勢を表わすのに、「事象そのものへ」という有名な標語が生まれた。こうした姿勢をもった現象学は、抽象的な思弁から最も遠いものであり、逆に、最も具体的な現実の経験（直接経験）に密着するものだった。

しかしまた、この経験と深く関わるがゆえに、現象学は、諸学問の基礎づけというにとどまらず、人間が生きることの根幹にまで関わってしまう。もう少し具体的に言えば、知ることのみならず、そもそも生まれること、身体をもつこと、他者と出会うこと、あなたと私という関係を築くこと／それに失敗すること、記憶／忘却すること、そして死んでいくことなどに、関わるのである。このことが、現象学が、その後、学問論を越えて、より広範な思想運動（現象学運動）を形成した理由のひとつにもなった。とはいえ、基本はまず「学問」である。

現象学は見失われた始原（arche/Anfang）に帰ろうとする。だが、じっさいに発掘を進めると、この始原は多層的であることが判明する。ひとつの層を発掘すると、さらにその下の層が現われてくる。そのたびに新たな発掘が必要になる。そして、そのたびに現象学自身も新たに始まらざるをえなくなる。だから、現象学は、いつも新たに「始める人（初学者）」（Anfänger）の学問である。フッサールは生涯、初学者であろうとした。いや、その後の現象学者たちもそうであった。現象学は、初学者の志とともに、新たに始原に帰り、そこから新たに始原する。

自分自身で考える人とともに哲学する

現象学の具体的な内容に踏み込む前に、フッサールが好んだ言葉を二つ引いておきたい。ひとつは「自分自身で考える人」(Selbstdenker) という言葉であり、この言葉で、フッサールは自分が尊敬する哲学者を称賛した。もうひとつは「ともに哲学する」(symphilosophein) という言葉であり、この言葉で、フッサールは自分が仲間だと思う人々に呼びかけた。「自分自身で……」と「ともに……」という二つの言葉は、一見すると、互いに矛盾するように思われるかもしれない。ところが、そうではない。

事象そのものは、直接に見られ、直接に経験される——哲学用語では「直観される」と言う——。ならば、ごちゃごちゃ言わずに、ただ事象そのものを直接に見ればよさそうなものである。いや、それでは学問にならないと言われるならば、いわゆる科学は「経験科学」あるいは「実証主義」であり、それゆえ、観念論的な思弁から離れて事象そのものに迫っているだろう。これで十分ではないか。

ところが、その科学も、(観念論とは別様にだとしても) やはり事象そのものを覆い隠す傾向をもっているとしたら、どうだろう。そうだとすれば、観念論のそれであれ、科学のそれであれ、覆い隠す思考すべてを「考え直し」ながら、事象そのものを見ようとしなければならない。フッサールの姿勢は、覆い隠す思考の枠組みのなかで考えることではなく、そうした思考そのものを批判的に「考え直して」解体し、事象そのものを見るということだった。既存の思考の枠組みに頼らずに「自分自身で考える人」だけが、事象そのものを見る可能性をもつのである。

だが、その「自分自身で考える人」自身の「思考」は、どうだろう。それがまた覆い隠すものであるということはないのだろうか。十分ありうるだろう。とすれば、事象そのものを見るためには、他の「自分自身で考える人」が必要になるだろう。つまり、他の「自分自身で考える人」と「ともに哲学する」ことが必要になるのである。かくして、「自分自身で……」と「ともに……」は、矛盾しないどころか、互いに要求しあう。

フッサールとともに哲学するということは、フッサールと同じ考えに染まるということではない。自分自身で考えず、フッサールの考えを鵜呑みにする人は、フッサールと同じ考えに染まり、それゆえフッサールの思考の枠内でしか考えることができなくなるだろう。そして、そのことによって事象そのものが見えなくなる危険に陥る。しかし、そういう危険が生じたとき、「自分自身で考える人」は、フッサールと対立し、フッサールを批判するだろう。こういうことが必要なのである。こうして、結局、複数の「自分自身で考える人たち」が「ともに哲学する」ときにこそ、事象そのものに真に接近することも可能になる。

フッサールは「独我論的」だと言われる。たしかに、フッサールは、おのれの課題に向かって「自分自身で考える人」であろうとするときには、ひとりで書斎に閉じこもった。

彼は何度か絶望のどん底に沈み込むほど深く苦悩したのだが、そうしたときに、とりわけそうだった。哲学的な孤独である。「自分自身で考える人」は、孤独とは縁が切れない。いや、大学の講義のような公的な場面でも、彼は、受講生の数が減っても無視し、モノローグ的に語りつづけることがあった。こうした事実は、彼が独我論的傾向をもっていたことを裏書きしている。しかしながら、問題なのは、そうした傾向をもった人がそのことを自覚していない場合だろう。そういう場合には、他人を無視した、まさに傍若無人?の状態になりうる。

だが、フッサールは自身を――注意深く――「独我」と呼んでおのれの独我論的傾向を自覚していたし、まさにこの自覚があったからこそ、他人の必要性も感じていたのである。もちろんフッサールも人並みに?他人と感情的なつながりを求めたということはあったが、しかし、それ以上に、事象そのものをもとめる彼の哲学的姿勢そのものが「ともに哲学する」ことを要求したのである。

とはいえ、この「ともに哲学する」ことを、彼が実生活でいつもうまく実現できたわけではなかった。最初期の彼は、みずからが伝統的な哲学者たちや同時代の哲学者たちと批判的に「ともに哲学すること」によって、現象学の基本的着想を固めていった。彼は、その成果である『論理学研究』（一九〇〇／〇一年）を刊行し、一九〇一年からゲッティンゲン大学に在職することになった。『論理学研究』は大きな反響を巻き起こし、彼のもとには、多くの研究者が集まった（ミュンヘン・ゲッティンゲン現象学派と呼ばれる）。ここまでは順調だったと言えるかもしれない。

しかし、この大学の同僚たちは、フッサールが正教授に昇格することを――その理由がよくわからないのだが――拒んだ。これはいわゆる世俗的な事件であるが、彼もいくらか心の痛手を負っただろう。しかし、それ以上に、この頃、フッサールは「哲学者」としての苦しみも味わっている。おのれの課題を果たさないかぎり、「真の意味で生きることはできない」とさえ考えていたのである。おそらく、大きな孤独のなかでの苦しみだっただろう。じつは、この当時は、フッサール現象学が「超越論的転回」を示すときなのである。これは大きな転回であり、彼の周囲に集まった研究者たちは、そんな彼の思索の進展についていけず、しだいに彼から離れていった。

しかし、彼は一九一六年にフライブルク大学に移り、そこで若きハイデガーと出会った。しばらくしてフッサールはハイデガーの哲学的・現象学的な素質の大きさに気づく。彼は真に「ともに哲学する」パートナーを見つけたと信じた。彼はハイデガーに言った。「あなたと私が現象学だ」。

フッサール自身の研究に関しても、一九二〇年頃から、彼は現象学に「発生」という観点を導入して、新たな始原を開いていった。フライブルク時代は、彼にとって、さまざまな意味で最も生産的な時期だった。

他方で、フライブルク時代以降、外国人とりわけアメリカ人と日本人がフッサールとハイデガーを訪れることが増えた。多くの日本人がフライブルクを訪れたため、「フライブルク・モーデ（流行）」＝「フライブルク・詣で」などと言われたことは有名だが、フッサールにとって彼らは印象的だったらしく、日本人のことが書簡に何度か登場する。こうした交流は、一方でアメリカや日本に現象学を定着させることにつながったが、他方でフッサール自身にとっては、異文化の他者の理解可能性／不可能性をめぐる経験を与えたように思われる。これもまた、フッサール現象学の新たな始原であった。

だが、幸福な時間は長く続かなかった。ハイデガーもフッサールから離れていった。「あなたと私」のあいだに裂け目が生じた、いやそれが露見したと言うべきかもしれない。フッサールはハイデガーとの共同作業によって裂け目を修復しようと試みたが、それはむしろ逆効果だった。しかも、その後、ナチスが台頭してくる。ハイデガーは一時期フライブルク大学の総長にまでなり、フッサールはハイデガーを「（総統原理にしたがった）国家社会主義的総長」と呼び、さらには「対蹠人」とも「敵」とも呼ぶようになる。逆に、フッサール自身は、ユダヤ系のゆえに「第三帝国における非アーリア人の運命」に巻き込まれて、ナチスからさまざまな妨害を受けるようになる。後にハンナ・アーレントは、ハイデガーをフッサールの「潜在的殺人者」だとまで言うのだが、ハイデガーにどの程度の責任があったかはわからない。少なくとも当時の書簡などから窺われるところでは、当時のフッサールの状況は、苦しいとはいえ、最悪にまでは至っていなかったようである。

当時の状況のなかでも、フッサール自身の現象学への情熱はまったく衰えず、毎日(ストレス緩和のために?タバコを大量に吸いながら)七、八時間の研究に集中したようである。とはいっても、研究は、順風満帆には進まない。彼は、生涯にわたって、学問としての哲学を樹立するという「課題の大きさ」と「自分自身の才能の小ささ」の「不釣り合い」に苦しんでいたが、とりわけ晩年の彼は、ますます孤独になり、自身が「哲学的隠者」になってしまったと感じるようになった。他の「自分自身で考える人」と「ともに哲学する」ことも減っていった。そのため、晩年の彼は、自分自身をパートナーにするしかなくなった。しかし、あくまでも批判的に、である。「私は自分を不信の目でもって見ていますし、まるで敵のように、ほとんど悪意をもって見ています」。学問としての哲学＝現象学を樹立するためには、こんな態度さえ必要だったのである。

こういう生活のなかで、フッサールは、四万頁を越える大量の研究草稿を残した。しかし、彼の死(一九三八年)の後、それがナチスによって処分されてしまう危機が迫った。このとき、レオ・ファン・ブレダ神父が草稿類を救出してベルギーのルーヴァンに移し、フッサール文庫を設立した。現在、フッサール現象学の研究が進められているのは、このおかげである。

フッサールが話すのを聞きたい？

ここまでフッサールの言葉をいくつか引いたが、これらは、従来の書物には（ほとんど）登場しない。そもそも、これらは、彼の公的な著作には（ほとんど）登場しない。これらは、彼が書簡や日常会話のなかで用いた言葉であり、ある意味で彼の「肉声」だと言ってよい。

「事象そのものへ」(zu den Sachen selbst) という言葉は、どうだろう。これは、ハイデガーが『存在と時間』で使って有名になった言葉である。フッサールの著作では、これと似た言葉はたくさん登場するものの、この言葉のままでは登場しない。ただ、会話ではフッサール自身この言葉を使っていただろうと推測される（その傍証は書簡などから十分に読み取ることができる）。その意味で、これもやはりフッサールの「肉声」だと言ってよい。なんといっても、こうした「肉声」を聞くことこそが、フッサール現象学に「肉迫」する近道である。

こうした肉声を聞いて、事象そのものへ向かう彼の姿勢がリアルに理解されたのではなかろうか。とすれば、この姿勢から生まれた彼の（学問的な）言葉も、事象そのものの記述であって、けっして空虚な思弁ではないということも理解されるだろう。しかるに、著作上では、たとえば「超越論的自我」とか「理念性（イデア性）」といった言葉が頻繁に登場する。これらの言葉を、フッサールの肉声を聞かずに読むと、思弁的・観念論的に思われてしまうかもしれない。しかし、肉声を聞いた人にはおわかりのように、フッサールは、自分が見た事象しか語らない。もちろん、それを他の「自分自身で考える人」が批判することは必要なのだが、それでもその批判は、こうしたフッサールの姿勢を踏まえたものであるべきだろう。

デリダは、フッサールの冒頭の言葉とやや似た言葉をもちいて、フッサールを批判している。デリダは、形而上学（現前の形而上学）の歴史を「絶対的な、自分自身が話すのを聞きたい」という意志・欲望の歴史として捉え、このなかにフッサール現象学を位置づけて批判する。この「批判する」という態度それ自体は現象学的だと言える。しかしながら、その前に、これまでほとんど誰も（デリダも）フッサールが話すのを聞こうとしなかったのではないか、少なくともじっくり聞こうとしなかったのではなかろうか。私にはそう思われる。だからこそ、私としては、まずフッサールの肉声をあなたに聞いてもらいたかった。そのうえで、フッサールが生涯にわたって追究した現象学を理解していただきたいと思うのである。

道は「学問」から出発する。いささか長い道である。しかし、この道を一歩ずつ進んでいくならば、最後には、「世界」がはじめて開かれてくる光景、「私」がはじめて成立してくる驚異、「他者」との出会いがはじめて引き起こす激震といったものを、かいま見ていただけるであろう。経験は奇蹟である。そして、現象学は、その奇蹟を間近に目撃する初学者（あなたと私）とともに、新たに始原するだろう。

第一章　現象学の誕生

現象学はどのようにして誕生したのか。その経緯を示したいと思う。そのために、創始者フッサールの経歴、当時の学問の状況、そのなかでフッサールが得た根源的着想を、順に見ていきたい。

第一節　数学から哲学へ

西暦二〇〇〇年一一月、チェコの小都市プロステヨフの市庁舎で、フッサールの横顔を象《かたど》った記念碑の除幕式が開催された。この小都市は、かつてオーストリア＝ハンガリー二重帝国に属し、ドイツ語ではプロスニッツと呼ばれていた。この小都市が位置するモラヴィア地方一帯は帝国の首都ウィーンからそれほど遠くなく、人々にはウィーン志向の気質が強かったようである。エトムント・フッサールは、一八五九年四月八日、この小都市で織物商を営む父アーブラハムと母ユーリエのもとに生まれた。

フッサールの家系はユダヤ系だったが、しかし、彼の言うところでは、当時、「私は、自分がドイツ人以外の何者でもないと感じていましたし、そう感じることができました。……私は、自分が民族的にユダヤ人だということを忘れていました」。また、ユダヤ人というとユダヤ教と結びつきそうだが、彼にとってはユダヤ教も疎遠だった。むしろ、彼は、学生時代にはじめて新約聖書を知り、キリスト教（プロテスタント）から「人生全体にとって決定的な印象」を受けた。このときから、彼にとってキリスト教が重要になった。彼は、いろいろ迷った末、結局、教会の生活には入らなかったが、しかし、冒頭に述べた彼の義務感／使命感はこのキリスト教の影響と無関係ではないだろう。

子供時代の彼には有名なエピソードがある。彼は、子供時代にナイフをもらったが、それを鋭く研ぐことに集中して、刃がどんどん磨り減っていったことに気づかなかった。このエピソードは、彼の集中力や徹底主義的な性格を物語っている。

さて、ギュムナジウム（おおよそ日本の中学・高校）時代まで、彼は、数学では優秀な成績を収めていたが、それ以外の科目にはほとんど興味を示さなかったようである。彼の高校卒業試験の成績表を見ると、「数学」はbefriedigend、「哲学予科」はgenügend、「宗教学」はlobenswertなどとなっている。これらドイツ語の評定は、おそらく順に「良」、「可」、「優」に対応すると思われる。この成績表を見るかぎり、フッサールは生まれながらの天才ではなかったらしい。現象学の樹立という大事業を可能にしたのは、むしろ、彼の集中力や徹底主義的性格、そしてあの義務感／使命感だったのだろう。

ライプツィッヒ大学に進んだとき、彼は、同郷のモラヴィア出身で後にチェコの大統領となるトマシュ・マサリク（一八五〇〜一九三七年）と知り合った。マサリクはフッサールにとって「私の最初の教育者」であり「助言者にして友」となった。フッサールが新約聖書を読んだのも、マサリクの影響だった。また、マサリクは、フッサールに、デカルト、イギリス経験論、ライプニッツを研究することを勧め、また自身の師であるウィーンのブレンターノのもとで学ぶことも勧めた（この助言は、後に見るように、現象学の基本性格に深く関わるので、覚えておいていただきたい）。しかし、なお数学に惹かれていたフッサールは、すぐにはマサリクの助言に従わず、ベルリン大学に移って、現代数学の父とも言われるヴァイアーシュトラース（一八一五～一八九七年）のもとで数学を学び、その助手も務める。

このまま数学者になってもよさそうなものだが、このころ、フッサールには迷いが生じた。あの諸学問の基礎に関する迷いである。そして、マサリクの助言を思い出したのだろう。彼は、ウィーンのF・ブレンターノ（一八三八～一九一七年）を訪ねて講義を聞き、哲学に「全身全霊を捧げる」ことを決意した。哲学者フッサールの誕生である。だが、数学から転身したフッサールが考える哲学は、人生観や世界観などを含む広義の哲学ではなく、「厳密学」だった。「哲学も、最も厳密な学問の精神において扱われることができるし、またそう扱われるべきだ」というのである。こうしてフッサールは「学問としての哲学」――「厳密学としての哲学」――の樹立という夢に挑む。

第二節　学問の危機

学問の危機が現象学の成立を促した。では、そもそもどういう経緯から学問は危機に陥ったのか。これをおおまかに示しておくべきだろう。以下では、大きな流れを摑んでいただきたいと思う。

科学革命とガリレイの「発見」

私たちが学問とみなしているものの典型は、いわゆる「科学」であろう。だが、科学とはどういうものだろう。たとえば「古代ギリシャの科学」という言い方もできるが、しかし、それは私たちの「科学」のイメージとはずいぶん異なっていた。現在のイメージに比較的近いものは一七世紀の「科学革命」において登場してきたのだが、それでも、ここには現在のイメージとの近さと遠さが混在している。たとえば、振り子の等時性や木星の衛星を発見したことで知られるガリレオ・ガリレイ（一五六四〜一六四二年）は、有名な言葉を残している。

「哲学は、目の前にたえず開かれているこの最も巨大な書物〔＝宇宙、自然、世界〕のなかに書かれている。しかし、まずその言語を理解し、そこに書かれている文字を解読することをおぼえないかぎり、理解できない。その書物は数学の言語で書かれており、その文字は三角形、円その他の幾何学図形であって、これらの手段がなければ、人間の力では、その言葉を理解できない」

最初の言葉で気づかれるだろうが、ガリレイは「哲学」をしていたのであって、「科学」をしていたのではない。同様のことは、ちょうどガリレイの死と置き換わるように生を受けたニュートン（一六四二～一七二七年）についても言える。ニュートンは、いわゆるニュートン物理学や微積分を完成させたと言われるが、彼の主著『自然哲学の数学的諸原理』の書名をよく見ていただきたい。「自然哲学の……」であって、「自然科学の……」ではない。当時はまだ「科学」はなかった。もちろん、scientiaという言葉——ここからscience（科学）が派生する——はあったが、これは広く「知」を意味した。

他方で、自然／世界は、「数学」や「幾何学」の言語で書かれており、これによってこそ理解されうるというガリレイの考え方は、画期的だった。これが現代のイメージでの「科学」につながる。しかしながら、このときから、数学的に捉えられた世界（理念化された世界）が「真の世界」「客観的な世界」だと思い込まれ、それとともに、直接経験の世界（生活世界）は「見かけの世界」「主観的な世界」だとみなされて、無視され、覆い隠されてしまうという逆説も生じた。高次の世界が登場すると、その基礎にある低次の世界は覆い隠されてしまうのである（逆に、覆い隠されてはじめて、低次の世界は、始原として求められることにもなるのだが）。このことをもたらしたガリレイを、フッサールは、「発見する天才」であるとともに「覆い隠す天才」でもあると言っている。

さて、現在のイメージでの「諸科学」(sciences) が確立したのは、一九世紀のようである。いや、現在のイメージでの「哲学」も、同様に、一九世紀（しかも後半）の産物だと言ったほうがよい。もちろん哲学は（哲学こそ）古代ギリシャ以来のものではある。しかし、一九世紀以前の哲学は、今日から見れば、物理学などさまざまな学問／科学を含んでいた。哲学者もさまざまな学問／科学に携わっていた。デカルト、ライプニッツ、パスカルなどの「博学」は有名である。しかし、一九世紀には、いくつかの学問が哲学から独立し、個別的なそれゆえ複数的でもある諸科学となっていった。

一九世紀は自然科学（自然諸科学）が発展した世紀であるとともに、哲学が没落した世紀でもあった。たとえば、それまで隆盛をきわめた、ドイツ観念論の雄ヘーゲル哲学は、ヘーゲル（一七七〇～一八三一年）の没後、自然科学の台頭によって「更迭」されるという憂き目にあう。これは、「経験」にもとづく「経験主義」、そして「事実」にもとづく「実証主義」を前面に打ち出した自然科学が成功を収めた結果であった。逆に言えば、ヘーゲル哲学にはこうした「経験」と「実証」がないとみなされたわけである。この勝利に大きく貢献したのは、物理学だった。物理学は最も早く哲学から独立した。独立が遅かったのは心理学である。ヴント（一八三二～一九二〇年）が大学で最初に心理学実験室を開いたのは、やっと一八七九年のことである。しかし、心理学でもうひとつ重要なのは、フェヒナー（一八〇一～一八八七年）の「心理物理学」(Psychophysik)――これは通常「精神物理学」と訳されるが、心理学の一種なので、こう訳す――の登場である。

この心理物理学はフッサールにも関係するので、一言だけ説明しておこう。これは、物理的な刺激の変化と心理（精神）的な感覚の変化との関係を示した。たとえば一〇キログラムのものを持つ場合と、一一キログラムのものを持つ場合では、心理・感覚的に変化はほとんど感じられない。しかし、一キログラムのものを持つ場合と、二キログラムのものを持つ場合では、心理・感覚的に変化が感じられる。一キログラムという物理的な絶対量の増加は同じだが、増加の比率は前者では一〇対一一であり、後者では一対二であり、心理・感覚はこの比率のほうに対応するというわけである。物理学と一体化した心理学はこうした関係を見出した。

さて、話を戻すと、このようにして諸学問が分化していった。だが、これに対応して、逆に、哲学も徐々に専門化していった。その結果、哲学もまるで科目別学問――科学――

の一種であるかのように見えてきたわけである。

デカルトと数学の変革

自然科学はもうひとつの武器をもっていた。数学である。幾何学は、すでに古代ギリシャのエウクレイデス（ユークリッド、紀元前三〇〇年頃）がほとんど完成させたとみなされていた。しかるに、一七世紀にデカルト（一五九六～一六五〇年）による数学の改革があった。この数学の改革には前提があった。一一世紀末から何度かなされた十字軍の遠征や、一五世紀末まで続いたスペインのレコンキスタ（国土回復戦争）などによって、西洋はアラビア圏の知識を取り込んだ。「代数」（アルジェブラ）という言葉は、もともとアラビア語の「アルジャブル」に由来するらしい（「アルゴリズム」など「アル」（al）のつく言葉はたいていアラビア語起源である）。また、そもそも「アラビア数字」なるものが入ってこなかったならば、西洋で（代数的な）数学の発達は大幅に遅れたかもしれない。デカルトは『方法序説』で「古代人の幾何学と近代人の代数」ということを述べているが、この背景には右の事情があった。ちなみに、「x」のような代数記号を最初に用いた西洋人は、デカルトだったようである。

デカルトは、古代以来の幾何学について「図形の考察に縛られている」という欠点をあげ、代数について「ある種の規則とある種の記号にひどくとらわれている」という欠点をあげている。そして、デカルト自身は、この両者の欠点を克服するものとして、あるいはそれらを高い次元で調和させるものとして、新たな数学（解析幾何学）を形成した。

さてしかし、デカルト以後の近代数学は、主に代数のほうを、つまり記号を操作・演算する思考のほうを、発展させていった。幾何学はなお「直観」的な要素を含んでいる（図形の考察に縛られている）が、「思考」的傾向の強い代数は直観を離れて、より自由に展開することができる。数学はより自由になっていく。

一九世紀になると、デーデキント（一八三一～一九一六年）のような数学者が、論理的に整合的ではあるが、直観性をもたない「定義」を設定する。彼は「切断」という概念によって実数を定義しようとした。また、カントール（一八四五～一九一八年）は「超限数」（無限）を導入して数の概念を拡張したが、これによって結果的に古典的な数の射程が変わってしまう。さらに幾何学においても、一九世紀に、ユークリッド幾何学の公準を変更して、非ユークリッド幾何学が成立する。この方向はヒルベルト（一八六二～一九四三年）の「公理主義」の数学に進む。数学は、経験や直観から離れて、新たな定義や射程や規則を作り出し、そこで活動することを主張しはじめたのである。数学は——おのれが新たな規則さえ作り出すという意味で——規則にとらわれることもより少なくなった、と言えそうである。ただ、こういったところまでくると、数学は、素人にはまったく手に負えないような代物になる。数学は、ますます純粋に思考的・理性的な学問になっていく。そして、こうした数学が、それまで哲学が庇護してきた「理性」を引き受ける後見人となった。

かくして、ヘーゲル以後、哲学は、自然科学の発達によってその経験・実証の欠如を咎められるとともに、数学の発達によって理性さえも掠《かす》め取られるにいたった。

ちなみに、フッサール自身、カントールやヒルベルトと親交をもった。このことも現象学の理性主義的性格と関係している。

「可能性」に舞い上がった数学的な論理学

一七世紀のデカルトは、その数学の構想を拡大しつつ「普遍（数）学」や「普遍言語」の着想を得た。それを引き継いで、ライプニッツ（一六四六〜一七一六年）は「普遍記号学」の構想を展開した。これが現代的な「論理学」につながる。一七世紀は、数学をモデルにした論理学が展開しはじめたときでもあったのである。

この方向で、一九世紀に何人かの論理学者が登場するが、とりわけ重要なのはG・フレーゲ（一八四八〜一九二五年）である。彼は現代の記号論理学の礎を築いた人物である。論理学はまずもって言語に関わるが、彼はその言語を記号化して、ほとんど数学のように扱えるようにした。そのうえで、彼は、数学は論理学の一部だという考え方を主張した（これは「論理（学）主義」と呼ばれる）。そして、彼は、その論理学を、そこに「直観的なものが入り込まないように」注意しつつ、それゆえ経験から切り離しつつ、無矛盾な体系として樹立しようとした。ところが、その後、B・ラッセル（一八七二〜一九七〇年）によってそこに矛盾が生じることが発見されてしまう（これは「ラッセルのパラドクス」と呼ばれる）。このことは、論理学を無矛盾に完結した閉鎖系として構想するうえで致命的な意味をもつことになる（ただ、最近はこの点の見直しもなされているのだが）。

いや、先走りすぎた。少し戻ろう。一九世紀後半、数学や論理学は、ライプニッツ的構想に従いつつ、経験から独立した公理体系として展開しようとしていた。フッサールも、数学を志していたときには（細かく言うと、「多様体論」という一種の集合論に取り組んでいたのだが）、こうした方向で研究を進めており、その後、彼はこの方向性を論理学にも広げた。この場合、経験を「現実（性）」と言い換えるならば、数学や論理学は「可能性」だけを扱うと言うことができるだろう。こういう文脈から、フッサールの次の言葉が理解できる。「私はライプニッツ主義者にほかなりません。可能性の探求のほうが現実性の探求に先行します」。つまり、数学や論理学は、現実から離れて、それゆえまた現実に先立って（＝アプリオリに）、可能性の領分を示すことができるというわけである。このかぎりでは、ライプニッツ、フレーゲ、フッサールは、似た考え方をもっていたとも言えるだろう。

しかし、数学や論理学は、しだいに（直接に経験・直観される）「現実性」を離れて、（思考される）「可能性」の天空に舞い上がっていった。さらにまた、数学に依拠して成立した近代自然科学も、同様に天空に舞い上がっていった。そして、数学や論理学や自然科学があまりに上空に舞い上がった一九世紀後半、疑念が生まれてきた。それらは、依って立つ地盤を見失ってしまったのではなかろうか。この疑念を最も深刻に感じ取ったのが、フッサールだった。

科学・数学・論理学の地盤喪失と「現象学」の登場

このような状況は、数学のみならず、数学に依存した諸科学に携わる人々に——程度差はあれ——脅威・危機として感じられたようである。この状況をフッサールは「理論化の地盤喪失の脅威」あるいは「ヨーロッパ諸科学の危機」と呼んでいる（フッサール晩年の主著は『ヨーロッパ諸科学の危機と超越論的現象学』と題されている）。そして、ヨーロッパ諸科学の基礎を発掘して危機を克服するものとしてフッサールが構想したのが、現象学だったのである。

フッサールは、数学や論理学の始原（起源／根源）を取り戻そうとした。この始原は「直接経験」にある。直接経験とは、ものを見る、ものに触るといったような、具体的な経験である。

だが、当時すでに、この直接経験を発掘しようとした人々がいた。なかでも重要なのは、一九世紀末のウィーン大学に居城を構えたE・マッハ（一八三八〜一九一六年）である。マッハは、音速の単位（マッハ1といったマッハ数）の由来にもなっている物理学者／自然科学者であり、そのニュートン力学批判によってアインシュタインに影響を与えたことでも知られているが、しかしまた、独創的な哲学者でもあった。マッハは、経験主義と実証主義を標榜して新たな学問的哲学を提唱した。科学には「唯一の基礎」がある。その基礎は、「経験」であり、より正確には「感覚」だと言うのである。そして、この基礎を発掘する新たな学問をマッハは「現象学」とも呼んでいた。

フッサールは、マッハの「現象学」の語法を知っていたし、後にマッハと個人的交流ももつ（マッハはフッサールを高く評価していた）。フッサールの「現象学」はマッハの「現象学」と無関係ではない。

しかしながら、当時、これとは別に、フッサールの兄弟子C・シュトゥンプフ（一八四八〜一九三六年）のグループでも「現象学」という言葉が使われていたらしいし（これはマッハではなく論理学者・哲学者ロッツェに由来するらしい）、後述するA・プフェンダー（一八七〇～一九四一年）もフッサールに会う以前に『意志の現象学』（一九〇〇年）という著書を刊行していた。さらには、ブレンターノ（一八三八～一九一七年）やヘーリングといった人々の考え方も、広い意味で「現象学的」と呼ばれていたらしい。フッサール自身、みずからが「現象学」という語を採用した経緯について述べている。「その新たな学問は現象学と命名された。なぜなら、この新たな学問あるいはそれの新たな方法は、すでに以前の個々の自然研究者たちや心理学者たちによって要求され用いられていた現象学的方法のある徹底化によって生じたからである」。フッサールの「現象学」以前にすでに複数の人々が「現象学」という言葉を使っており、また、すでに複数の人々の学問傾向が「現象学的」と呼ばれていたのである。この意味で「現象学」はフッサールの専売特許ではなかった。しかし、そうだからこそ、フッサールは、そうした広義の現象学と区別するために、自身の「徹底化」された現象学を「純粋現象学」とか「超越論的現象学」と呼ぶことになる（「純粋」と「超越論的」は完全に同義ではないが、大きく重なる）。

さて、それにしても、広義の現象学はすでに、直接経験を捉える方向で、ある程度まで成果を収めていた。とはいえ、この直接経験を中途半端に捉えてしまうと（典型的にはマッハがそうだったが）、数学や論理学を正しく基礎づけることはできない。それゆえ、フッサールはマッハを批判するのだが、しかし、この点については後に述べよう。

コーヒーブレイク 現象学と分析哲学

少し話が逸れるが、視野を広げるために、現象学と分析哲学の関係について、簡単に述べておこう。哲学の業界?では、一九七〇年代以降、俗にポスト構造主義と呼ばれる哲学が登場するが、しかし、二〇世紀を通覧すれば、現象学と分析哲学が二大潮流を形成している。現象学は主にドイツ・フランスで展開し、分析哲学は主にアメリカで展開した。両者には接点がないようにも思える。しかし、「心理（学）」、「論理（学）」、「経験論（経験主義・実証主義）」という三つの項を並べると、意外なことが見えてくる。

まず、分析哲学である。M・ダメットという分析哲学者は、ドイツのフレーゲを分析哲学の源泉に位置づけている。フレーゲは、「意味」や「思想」（たとえばピタゴラスの定理のようなもの）を個人の心理的内容だと見る心理（学）主義に反対した。もちろん、これらは、いわゆる物のようなものではない。にもかかわらず、これらは一種の客観性をもつ。つまり、ピタゴラスの定理は誰にでも同一のものとして妥当するというような意味での客観性あるいは普遍妥当性をもつ。こうした客観性を認めないと（ある人の心ではピタゴラスの定理が成り立たないとすると）、数学の教師は生徒の答案を採点することさえできなくなりそうである。意味や思想を、あくまで個人の心理的内容と見なす心理主義は、こうした問題をかかえている。そこで、フレーゲは、心的でも物的でもない「第三領分」といったものを設定して、そこに意味や思想を配置した。フレーゲは、記号論理学的な「概念記法」を確立したが、これは、意味や思想を（自然言語以上に）適切に示すための「言語（論理）」だった。

さて、その後、ウィトゲンシュタインが登場する。『論理哲学論考』で彼は「論理は超越論的である」と述べている（彼はまた「倫理は超越論的である」とも述べている）。この語法には解釈の余地があるが、彼は、論理的なもの（と倫理的なもの）は、経験を可能にするものであるとともに、経験から独立なものだ（これが本来の「アプリオリ」である）と認めていたようである。論理が経験とは独立だと認める点（アプリオリ主義）では、彼は（ライプニッツや）フレーゲに近い。

また、ウィトゲンシュタインは、「語りえないものについては、沈黙せねばならない」という有名な言葉を残している。論理によって（論理的に）語ることができないものがあるのである。この言葉は、こうしたものを排除する言葉のように思われるかもしれないが、そうではない。論理的なものそれ自身と倫理的なものはこの意味で語りえないが、しかし、だからといって、彼はこれらを排除しようとしていたのではなく、むしろ、それぞれのものの領分を明確に分離しつつ守ろうとしていたのである（彼は、常識人から見ると、かなりひねくれた書き方をするので、誤解されやすい）。

さて、ウィーンでは、マッハとウィトゲンシュタインから影響を受けた一群の人々、たとえばシュリック（一八八二〜一九三六年）らは、「論理実証主義」と呼ばれる考え方を展開した。彼らは、実証主義と論理学を（いわば横につないで）統合しようとした。彼らにとって、経験科学の方法がこの統合の実例だった。そして、彼らは、経験科学的に検証可能なものだけを有意味とみなし、それ以外のものをすべて無意味として排除しようとした。科学主義である。

論理実証主義者たちは、ナチスの台頭もあって、アメリカに亡命した。ここで、彼らの活動と、またイギリスの論理学者・哲学者ラッセルらの影響のもとで、分析哲学が形成された。ここでは、言語（論理）の客観性・普遍妥当性あるいは公共性が重視される。言語（論理）の可能性の条件（経験）を問う姿勢は弱い。

さて、このような分析哲学の成立にとって、ウィトゲンシュタインは、フレーゲとともに、いやある意味ではフレーゲ以上に、重要だった。そのウィトゲンシュタインが育ったのは、一九世紀後半のウィーンだった。

他方、現象学に目を向けると、フッサールも心理主義批判という点でフレーゲに近かった。フッサールは『論理学研究』で、論理的なものがアプリオリであることを認めた。ただし、フッサールは、論理的なものを——フレーゲのように第三領分に隔離しようとせず——経験に開き、しかも——論理実証主義のように論理と経験を横につなぐのではなく——いわば縦方向において経験から基礎づけようとした。この背景には、マッハに代表されるような、経験を基礎に据える一九世紀末のウィーン的な経験主義があったのだろう。フッサール自身、現象学を一種の「実証主義」だとさえ言っている。

その後、フッサールは経験を「超越論的」に捉える超越論的現象学を提唱する。この超越論的現象学はその後の多くの現象学者たちに誤解されたが、それにしても、経験を基礎に据える方向性は守られて、言語（論理）は、経験に対して——さまざまなニュアンスを含むが——派生的とみなされる。こうした現象学運動は、ドイツからフランスへ、そしてさらに世界中に広がった。

今でこそ現象学と分析哲学は疎遠になってしまった。しかし、この両者は、ダメットが言うように、ライン川とドナウ川のように、意外に近いところに源を発し、しばらくは平行して流れていながら、その後、別々の海に注ぐのである。この両者の関係を考えるうえで、ダメットはフレーゲを重視しているが——ダメットはフレーゲ研究者である——、しかし、一九世紀末のウィーンもまた決定的な意味をもっている。いささか極端に言えば、二〇世紀の哲学潮流はみな一九世紀末のウィーンで揺籃期を送ったのである。当時のウィーン——オーストリア＝ハンガリー二重帝国の都——は、ホフマンスタール、クリムト、マーラーらの活躍の背後に何重もの襞を隠しもった、現代思想のいわば「原故郷」だった。二〇世紀には、その襞が開いたのである。

最近、分析哲学と現象学の関係を考え直そうとする気運が出てきている。これは、内容的に言えば、「心理（学）」と「論理（学）」と「経験（論）」の関係を考え直すことになるだろう。これらはどのように関係しているのか。「自分自身で考える人」が問うべき問題だが、本書がその一助となることを願っている。

第三節　フッサールの根源的着想

フッサール現象学は、いくつかの根源的着想によって可能になった。そのほとんどは一八九〇年代に出そろっている。それらを確認してみよう。

直接経験

まず、学問／科学の基礎は直接経験にあるという着想である。先述のように、当たり前だと思われるかもしれないが、しかし、この直接経験が見失われてしまっている。私たちはその実態を理解し損ねている。この着想に深く関わっているのが、マッハである。

ふつう経験というと、どういうふうにイメージされるだろうか。経験科学的（心理学的）に考えるならば、たとえば図1のように、外部から物理的刺激が到来して、それを私が受け取る（見る）ことによって、知覚経験が成立するといったイメージであろう。

ところが、マッハは図2のような絵を描いて見せた。これは、右目を閉じて左目だけで

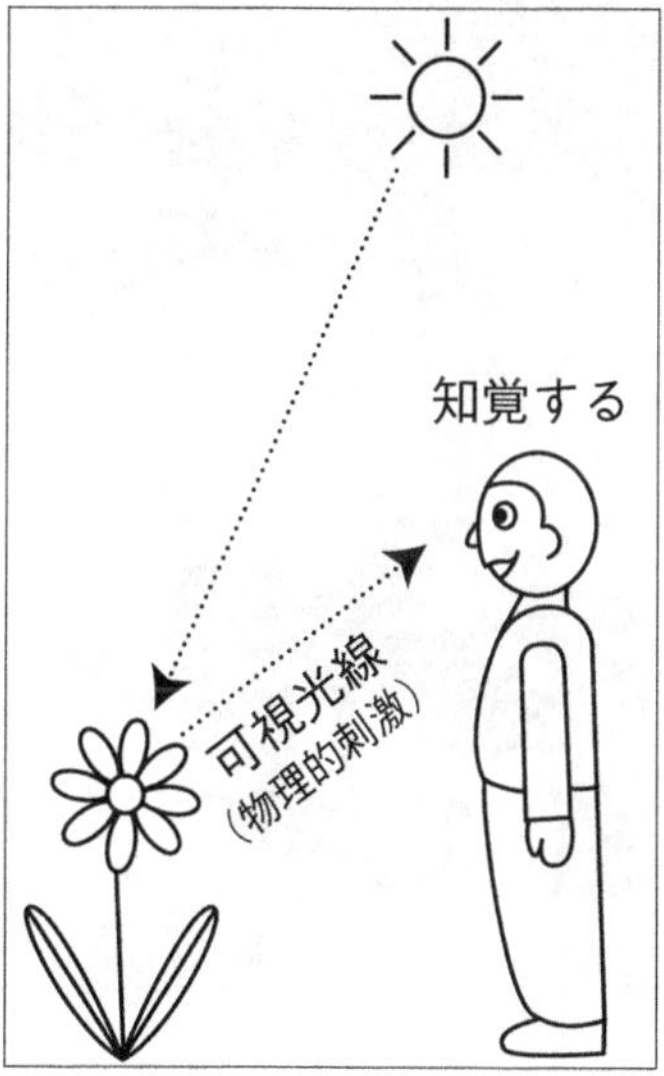

図1

図 2

(Ernst Mach, *Die Analyse der Empfindungen*, 1992, Jena : Gustav Fischer より)

見たときの光景である。絵の右側に見えるのは、マッハの鼻であり、その上のほうに伸びているのは彼の眼孔である(マッハは眼窩が深い)。そして、前方には鉛筆をもった右手と、両足が伸びている(マッハは長椅子に座っている)。もちろん左手も描かれている。下のほうに見えるのは、マッハの髭である(マッハは髭をたっぷりたくわえていた)。これがマッハにとっての直接経験だった。あなたにも、左目だけで見ていただければ、これに似た光景が見えると思う。少なくとも私（筆者）には似た光景が見える（髭はないが）。

図2は、図1とは大きく違っている。図1では、対象（花）も私も同じように図のなかに描かれているが、図2では私（とりわけ顔）は描かれていない。図1は「客観的」だと思い込まれているが、しかし、じつは図2のような直接経験から出発して事後的に形成されるイメージである。言い換えれば、図2のような経験こそが根源的であり、図1のイメージは派生的である。あるいは、図2のような経験は、「主観的」だが、単に主観的だというのではなく、まだ「客観的」ではないという意味で「主観的」であり、これこそが「客観性」の前提なのである。

フッサールも、この図2を掲載したマッハの『感覚の分析のために』（一八八六年）を刊行直後に読んでいる。そして、「読書の残響」があっただろうとも述べている。フッサールは、マッハから一定の影響を受けたのである。ただ、フッサールはマッハ一人からこうした着想を得たのかと言うと、そうとも言い切れない。しかし、それにしても、このマッハの光景は、フッサール現象学を理解するうえでも、わかりやすいだろう。

超越論的還元

フッサールは、こうした「主観的」光景こそが根源的だと考え、派生的な「客観性」をこの光景にまで引き戻さねばならない（還元せねばならない）と考えた。この場合、学問的であるためには、なんとしても、この光景に還元せねばならないのである。というのも、私たちは、この光景（あるいは表象）の外に出ることができないからであり、それにもかかわらず、その外に出られると考えるのは、非学問的だからである。どういうことだろうか。

1、実存する対象をもつ表象と、実存する対象をもたない表象

これに関連して、フッサールは一八九四年にトワルドフスキー（トワルドウスキ）という哲学者・論理学者の説を考察している。トワルドフスキーは、「実存する対象をもつ表象」と「実存する対象をもたない表象」を区別した。たとえば、富士山の表象は「実存する対象」（実在的に存在する富士山）をもつが、ペガサスの表象は「実存する対象」（実在的に存在するペガサス）をもたないだろう。しかし、どうしてそう言えるのか。素朴に考えると、たとえば、富士山の表象が「実存する対象」をもつかどうかは——ちょうど写真と実物を見比べるように——じっさいに富士山を見ればわかると言われるかもしれない。そのときには、私たちは、その富士山の表象の外に出て、そこに富士山そのものを見るということになるだろう。しかし、その富士山そのものを見ているときに、私たちはやはり新た

な表象を用いているのではないか。とすると、この新たな富士山の表象がまたもや「実存する対象」（実在的に存在する富士山）をもつかどうかが問われてしまう。そこでまたまた、その表象の外に出て富士山を見ようとすると、やはりまたまた同じ問題が生じてしまう。ということは、（ペガサスはもちろん）富士山さえも、その表象の外に出て、その実存を確証することはできないということである。

じつは、私たちは、表象の外に出ていないし、出られないのである（表象と対象の関係は、写真と実物の関係と同じではない）。にもかかわらず、自分が外に出ていると思い込んだり、出られると思い込んだりするのは、非学問的である。

とはいっても、非学問的な場面では、私たちは、富士山は私たちの表象の外に実存すると確信しており、それを表象の外で確認できると思い込むような傾向をもっている。こうした傾向はひとつの「態度」に対応している。この態度をフッサールは「自然的態度」と呼ぶ。この態度は、文字どおり「自然的」であるため、それが「態度」であることさえ気づかれないほどであるが、しかし、やはりひとつの態度である。

私たちは、ほんとうは、表象の外に出ることなく、富士山のような対象の実存を確信している。それでは、私たちはどのようにしてそれを確信しているのだろうか。この問いを解くためには、ひとまず、非学問的な思い込みを停止し、表象の外部に当該の対象が実存していると信じるような（自然的態度の）傾向にストップをかけねばならない。これをフッサールは存在の「エポケー（判断中止）」と呼ぶ。そのうえで、私たちの目を、表象の外部に向かわせるのではなく、その内部（マッハ的な光景）に引き戻さなければならない。学問的な解明は、このように引き戻された表象（光景）の内部で行なわれねばならない。この引き戻しをフッサールは「超越論的還元」と呼ぶ。

2、超越論的とは、超越を学問的に問うことである

この「引き戻し」が「還元」と呼ばれるのは理解されるだろう。「還元」（Reduktion）は、「引く」（ducere）と「戻す」（re）の合成語だからである。しかし、それはなぜ「超越論的」と呼ばれるのだろうか。

その最大の理由は、表象の外部になにかが「存在する」ということは、そのなにかが表象を「超越している」ということを意味するからである。つまり、存在＝超越である。しかし、そうした存在＝超越は、じつは、表象の内部から出られない私たちが表象の内部で「構成」したものなのである。存在＝超越は私たちによる構成と不可分であり、この構成から離れられない。

ところが、私たちは、この構成を忘れてしまうと、存在＝超越しているものが、（私た

ちによる構成とは独立に）いわば最初からそれ自体でできあがっているかのごとくに思い込んでしまう。そして、そのような存在＝超越しているものを、マッハ的光景（表象）の外に出て、確認できると思い込んでしまう。この思い込みをフッサールは「超越化的思考作用」とか「超越化的解釈」と呼んでいる。あるいは、後にメルロ＝ポンティは「上空飛行的思考」と呼ぶが、この表現も「言い得て妙」である。いずれにせよ、自然的態度はこうした傾向をもっている。

しかし、繰り返すが、私たちはマッハ的光景（表象）の外には出られない。存在＝超越は、私たちがマッハ的光景（表象）の内部で構成したもの、今も構成しつづけているものである。かくして、「超越論的」とは、こうした「存在＝超越」を、その構成にまで引き戻して、学問的に問うときに用いられる言葉である。すなわち、超越を学問的に問うから、超越論的である。

ここで「構成」という言葉が登場した。この言葉は、対象が私たちの側からの働きかけから独立に存在すると認めることを拒絶するものであり、逆に、対象は（その存在＝超越すらも）、私たちのなんらかの働きかけによってこそ成立するということを意味している。しかし、この言葉は、日常語的に理解すると、誤解を招きやすい。というのも、日常語の構成は作ることを意味するから、構成とは、ペガサスのような実存しない空想対象を作ることだけを意味すると考えやすいからである。もちろん、(ペガサスのような「実存しない」とみなされる)空想対象も構成されたものの一種なのだが、しかし、(富士山のような「実存する」とみなされる)知覚対象もやはり構成されたものの一種である。このように、現象学的な「構成」の語義は、日常語の語義よりも拡張されている。いや、現象学的に分析される直接経験の構造は、このような言語拡張によってしか、語りえないのである。それゆえ、こうした語法は今後も多用される。慣れていただければ、と思う。

3、超越論的主観性とは

右のように還元された光景をフッサールは「超越論的主観性」という言葉で呼ぶ。このように呼ぶと、なにか観念論的・形而上学的だと思われるかもしれない。あるいは、古臭いもの、大仰《おおぎょう》なものに感じられてしまうかもしれない。たしかにフッサールの用語法は古臭い。これが誤解のタネである。しかし、このように呼ばれるのには、それなりの理由がある。

まず、「超越論的主観性」(還元された光景)はなぜ「超越論的」なのか。右で述べたように、「超越論的」は、マッハ的光景のなかで存在=超越を学問的に問うときに登場する。そして、このとき、この光景のなかで対象の「存在=超越」が「構成されてくる」ことが判明する。それゆえ（微妙な言語拡張によって）、「存在＝超越」がそこで構成される当のものも「超越論的」と呼ばれるだろう。フッサール自身はこう述べている。「これ〔超越論的主観性〕において、主観がさまざまな仕方で経験しうるすべてのものの存在が、構成されてくる、すなわち、最広義での超越的なものが、構成されてくる。それゆえに、これは超越論的主観性と呼ばれる」。

しかし、それはなぜ「主観性」なのか。富士山であれ、眼前の本であれ、対象は、「客観的」なものであり、「客観性」である。これに対して、（さまざまな存在をもった）対象を構成するものが「主観性」と呼ばれる。この主観性という言葉には、客観性を構成していく「働き」が含意されている。

しかし、これだけで説明を終わると、この主観性は客観性の単なる対概念だと誤解されてしまうおそれがある。この主観性がもつもうひとつの――マッハ的光景の捉え方とつながった――意味を再確認せねばならない。つまり、いわゆる「客観科学」は、科学的な（ということは数学と実証に依拠したということだが）「客観性」を標榜する。しかるに、フッサールが問うのは、こうした客観科学の客観性の基礎でもある。基礎は、客観性の「下」にある。「主観性」（Subjektivität）は、「下に（sub）置かれたもの（jectum）」（subjectum）に由来する言葉であることを思い出しておこう。こうした主観性は、それ自体としては、まだ客観科学の意味で客観的ではない。つまり、これは、こうした客観性の下にあり、客観性に先立つような主観性なのである。この二重の意味で、それは主観性である。

いや、まだ少々誤解の危険がある。フッサールの超越論的主観性は、私たちが最も直接的に具体的に経験している光景そのもの、あるいはそうした経験そのものであり、これこそが客観科学の基礎である。土台だと言ってもよいが、しかし、これを観念論的・形而上学的な「実体」のように（たとえばデカルトの「思惟する物」のように）理解してはならない。そこで、フッサールはこうも言う。「超越論的主観性は、形而上学的な土台などではなく、その諸体験と能力をもったものとして、直接経験の領野である……」。

詰まるところ、超越論的主観性と言われたら、マッハ的な光景（直接経験）を想い起こし、それを――その外に出ることなく――「超越論的」に捉えていただくのがよい（ただし次節で見るもうひとつ重要な補足も必要だが）。

フッサールは、こうした直接経験の領野＝超越論的主観性に帰って、それを分析しようとしたのである。このような態度をフッサールは「超越論的態度」とも呼ぶが、この語法についてはもはや説明を要しないだろう。

ここで、もうひとつ述べておかねばならない。心理学は自然的態度を取る。とりわけ近代以後の心理学は、自然的態度の派生形態である自然科学的（自然主義的）態度を取る。だから、現象学と心理学は対立する。しかし、心理学においても、自然（主義）的態度をエポケーして、視野をマッハ的光景に正しく現象学的に還元すれば、超越論的態度の心理学といったものが可能になるだろう。現象学とは、大きく言えば、これである。この意味で、心理学と現象学は、その態度如何によって相互に転換しうる。それゆえ、心理学は無《む》碍《げ》に排斥すべきものではない。この点で、フッサールの反心理（学）主義とフレーゲの反心理（学）主義は異なる。ただし、フッサールにとって、態度の混同は学問的に許されず、とりわけ基礎学・根源学は超越論的態度を取らねばならない。

現出者と諸現出

フッサールはマッハに近い考え方を取っていた。それなのに、フッサールはマッハに批判的だった。なぜか。それは、フッサールはこの直接経験の領野において見えているものにひとつの決定的な特徴を発見したのだが、マッハはそれを見落としていたからである。それこそ、フッサールが「志向性」と呼ぶところのものである。フッサールは、これの「大発見」によってのみ「現象学は可能になった」とさえ述べている。逆に言えば、マッハ的発想だけでは、フッサールの意味での現象学は可能にならないのである。

フッサールの志向性の概念は師ブレンターノから受け継がれたと言われているが、しかし、ブレンターノ自身は「志向性」という術語は用いていないようである。また、フッサールがこの言葉に込めた内容には独自なものがある。フッサールはいつも「自分自身で考える人」だった。では、フッサールの志向性とはどのようなものか。

1、現出者の知覚・経験と、現出の感覚・体験

まず、マッハに戻ろう。マッハはマッハ的光景をパースペクティヴ（遠近法）的に描き出した。遠近法においては、たとえば机は「平行四辺形」や「台形」に描かれる。しかし、私たちは、机を平行四辺形や台形だと見ているわけではなく、「長方形」だと見ている。これをフッサールは以下のように論じる。私たちは、平行四辺形を「感覚」しているが、それを突破して、長方形を「知覚」している。あるいは、平行四辺形を「体験」しているが、それを突破して、長方形を「経験」している。つまり、私たちは、平行四辺形の感覚・体験を突破して、その向こうに長方形を知覚・経験している。あるいは、こう言ってもよいだろう。私たちは、「現出」の感覚・体験を突破して、その向こうに「現出者」を知覚・経験しているのである。

右のことは、なにも平面的な長方形や正方形だけに当てはまるわけではない。立体的な

図3

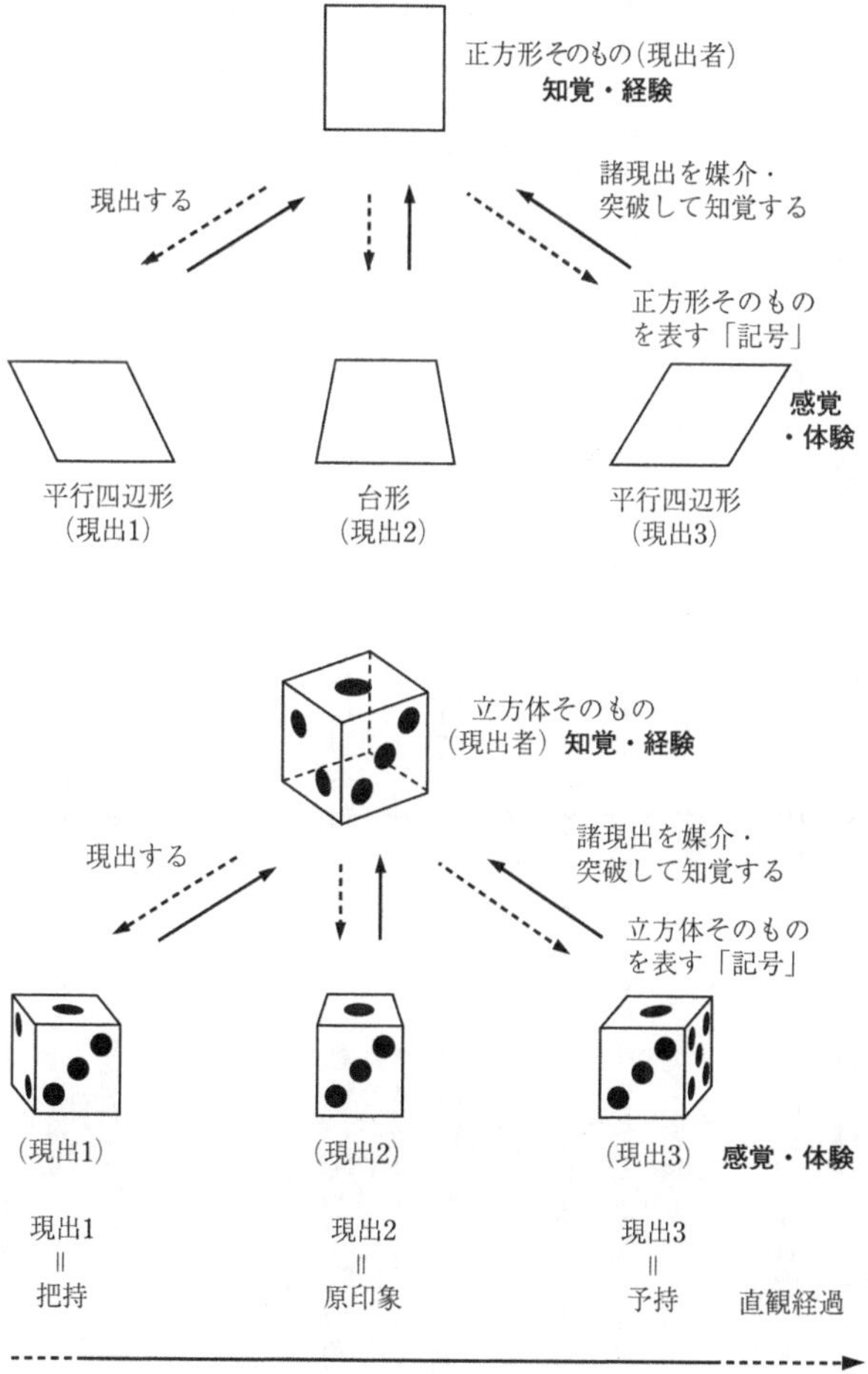

正方形そのもの(現出者)
知覚・経験
現出する
諸現出を媒介・
突破して知覚する
正方形そのもの
を表す「記号」
感覚
・体験
平行四辺形
(現出1)
台形
(現出2)
平行四辺形
(現出3)
立方体そのもの
(現出者) **知覚・経験**
現出する
諸現出を媒介・
突破して知覚する
立方体そのもの
を表す「記号」
(現出1)
(現出2)
(現出3) **感覚・体験**
現出1
Ⅱ
把持
現出2
Ⅱ
原印象
現出3
Ⅱ
予持
直観経過

ものでも同様である。たとえばサイコロであれば、私たちはそれを平行四辺形がいくつか組み合わさった形だと見ているわけではなく、立方体だと見ている。やはり、そうした「現出」の感覚・体験を突破して、その向こうに「現出者」を知覚・経験している。

2、現出・記号による媒介

右のような言い方を理解していただけたならば、フッサールが一八九二／九三年に「正方形」について述べた次の言葉も理解していただけるはずである。「私は、等しくない角を感覚しているが、しかし、等しい角だと判断している。正方形は、たとえそれが等しい角をもっているはずだとしても、（それぞれの状況のもとで）等しくない角をもって『現出する』。平行四辺形は、正方形の現出であり、私に正方形を提示している」。

この場合、「現出」は、（正方形を右から見るか、左から見るか、などなどによって）多様である。「現出」は、多様な「等しくない角」をもった平行四辺形や台形などとして感覚される。しかしながら、「現出者」は、「等しい角」をもったひとつの正方形そのものである。

この事態は、見方を変えれば、現出者の同一性と現出の多様性という言葉でも表現できるだろう。現出者の同一性は、剥き出しで知覚・経験されているわけではない。そこには、現出の多様性が「媒介」している。あるいは、現出者（等しい角をもった正方形）の同一性は、感覚・体験される現出（等しくない角をもった平行四辺形や台形）の多様性が「突破」されることによって、知覚・経験されているのである。こういう意味で、「客観の同一性の表象は媒介されている」。

さらにフッサールは、「〔諸現出の〕直観は、記号として、〔現出者の〕直観を表わしている」とも言う。この「記号」という言葉に注目していただきたい。典型的な記号である言語記号は、それが指し示す当のものとは似ておらず（たとえば「丸い」という言語記号そのものは丸くない）、両者のあいだには大きな差異がある。これに対して、諸現出は現出者と似ている。いや、似ているなどというより、諸現出なしには現出者そのものが成り立たないのだから、諸現出と現出者は一体だと言ってもよいほどである。しかし、だからといって、諸現出と現出者の関係は「同等性」だというわけではなく、（「等しくない角」と「等しい角」のように）微妙な差異性も含んでいる。現出がこうした特殊な意味での「記号」であることを示すために、フッサールは、括弧付きの表現で「『記号』」と言ったり、「いわばおのれ自身を表わす記号」と言ったりする。

こうした「記号」によって媒介されているため、現出者の知覚は、厳密に直接的ではありえない。直接経験における現出者の知覚が、じつは直接的でないのである。では、現出者へのもっと直接的な関係があるのだろうか。幸か不幸か、現出者に対しては、これ以上に直接的な関係はありえない。知覚的な直接性は、(たとえば想起などに比べて)最も直接的でありながら、しかしそれでもなお、媒介された直接性なのである。

3、普遍的な相関関係のアプリオリと、志向的体験としての意識

「現出者」は「諸現出」によって媒介されている。「諸現出」は「現出者」へと突破されている。この二つの言い方は、同じことを述べている。「諸現出」と「現出者」とのあいだにこうした関係が成り立つのは、なにも正方形の場合だけのことではない。どんな対象の場合にもそうである。

さて、「現象学」は、「現象」についての「学問」である。しかし、「現象」の語は、右の関係からして、「諸現出」と「現出者」との二義性を孕むことになる。フッサール自身の言葉で言えば、「現象という語は、現出することと現出者との間の本質的な相関関係のおかげで二義的である」ということになるが、これも当然のことであろう。

フッサールは萌芽的着想をゆっくり膨らませていく慎重派だった。フッサールが諸現出と現出者の関係を(萌芽的に)発見したのは、じつは先述のように一八九〇年代初めであるが、しかし、それを「普遍的な〈相関関係のアプリオリ〉」と捉え直して、その意義を

完全に自覚したのは、一八九八年頃のようである。フッサールは、このことが「深く私の心を動かしたので、それ以来、私の生涯の仕事の全体は、この相関関係のアプリオリを体系的に仕上げるという課題によって支配されてきた」と述べている。現象学は、諸現出と現出者の関係を基礎においた学問なのである。ここにおいて、「現象学」という言葉の――先にそれの歴史的な由来について述べたが、それといわば対をなす――哲学的な意味が明らかになったと思う。現象学は、たとえば、実体（本体）と現象（仮象）といった意味での現象――これは、外部に実存する対象とその表象という図式のバリエーションにすぎない――を扱う学問ではない。このような理解は、還元以前のものである。還元を遂行するフッサール現象学は、あくまでも、諸現出と現出者との関係から成り立つ現象を扱う学問である。

さて、直接経験（マッハ的光景）を基礎に据えたフッサールは、そこに諸現出の体験を媒介にして（突破して）現出者が知覚されるという構造を見出したわけだが、この媒介・突破の働きが「志向性」である。それゆえ、直接経験は、これらの言葉を用いて「志向的体験」と言い換えられる。さらにフッサールは、この志向的体験を、「意識」という概念――これは、フッサール自身が認めるほど多義的な概念ではあるが――でも表現する。意識というのは、伝統的には、これこそが実体（本体）だとみなされたり、逆に、そんなものは現象（仮象）だとみなされたりしてきた概念である。しかし、こうした理解も現象学にはまったく当てはまらないことは、もはや明らかだろう。現象学の「意識」は、諸現出と現出者の関係がそこで生じる場面（志向的体験）なのである。

一般的には、「意識は何ものかについての意識である」と言われる。しかし、この「についての」が、諸現出の媒介・突破の関係を意味していることを忘れると、じつにつまらなくなる。

4、意識の非主題的な成分

このようなフッサール的な意味での「意識」（志向的体験）は「体験」という成分を含んでいる。この「体験」という言葉にも注意が必要である。どういうことか。現出者（対象）は経験（知覚）されるが、現出は体験（感覚）されるだけであり、後者は前者へ向けて「突破」されてしまう。後者は前者への「媒介」にすぎない。前者が主題的であるのに対して、後者は非主題的なのである。「体験」（感覚）は、こうした非主題的な成分を表わしている。とすると、（体験を含んだ）意識が自分自身をいつも主題的に捉えているというような解釈も、まったく誤りである。意識は基本的に対象を主題的に捉えているのであり、その当の意識がおのれ自身を主題化するのは、おのれを「反省」（反省は——日常語では

「おのれの過ちを反省する」などという道徳的な語法もあるが、現象学／哲学においてはそうしたニュアンス抜きで端的に――内的知覚である）する場合だけである。

だからといって、「意識」（志向的体験）は厳密な意味でおのれ自身について無意識的だというわけでもない。意識はおのれ自身を意識しているのだが、ただし、このおのれ自身を意識する仕方が非主題的なのである。たとえば、テニスのラリーを見ているとき、意識の主題はテニスボールであろうが、しかし意識は、自分がテニスを見ているということも非主題的に意識している。こういう意味で意識とは、大雑把には、（対象の意識であるとともに）緩やかな自己意識でもあると言えるだろう。

では、意識における非主題的な成分とは、具体的には何か。まず（先の例で言えば、平行四辺形などの）「現出」である。そして、さらに（この現出を突破する）意識の「働き」そのものである。もっと具体的に言えば、「見ている」といった働きである。私たちは、通常、見られた対象を主題的に意識しており、おのれが見ているということを非主題的に意識している。

この働きは、さしあたり「作用」と呼ばれる。ただし、ここで注意しておくと、後にこの作用そのものを支える別の働きが発見される。そのときには、「作用（Akt）」は「能動性（Aktivität）」と呼ばれ、それを支える別の働きは「受動性（Passivität）」と呼ばれるが、このような言葉のつながりも理解していただけるものと思う。いずれにしても、「現出」と意識の「働き」は基本的に非主題的なのである。

マッハは、直接経験を見出すことには成功していたが、しかしながら、そこに、このような志向的体験（志向性）の諸契機が含まれることを見落としていた。この後者の意味で、フッサールはマッハを批判したのである。

コーヒーブレイク 絵画の遠近法

少し脱線して、絵画の遠近法について述べてみよう。より具体的に理解していただけると思うからである。絵画の遠近法を普遍的な技法だと考えておられる方もいるかもしれない。しかし、絵画においてそれが――はじめて発見されたというわけではないが、しかし、決定的に重要なものとして――展開されたのは、ルネサンスの時代である。日本の浮世絵も西洋中世のイコンも（例外はあるが）遠近法を取っていない。近代になって、レオナルド・ダ・ヴィンチが遠近法（パースペクティヴ技法）を研究したのは有名である。「パースペクティヴ」（perspective）は、「とおして」（per）と「見る」（spective）という意味をもった二つの言葉から合成されている。レオナルド・ダ・ヴィンチは、ガラスをとおして対象を見る（写し取る）という方法でパースペクティヴ技法を研究した。この技法は、現出のみを抽出するのである。

フッサールは現出を「射影」とも呼び、その射影を「形態射影」と「色彩射影」に区別している。この区別にしたがって考えるならば、ルネサンス期のパースペクティヴは、とりわけ「形態」に注目して形態射影を描いたものだった。細かく見ると、レオナルドはこれ以外のパースペクティヴ技法も用いていたが、主要なのはやはり「形態」のパースペクティヴであった。その後、モネなどの印象派は、とりわけ「色彩」に注目したが、これは色彩射影を描くものだった。このように、ルネサンスと印象派の絵画は、それぞれ、現出の二つの側面を描いていた。しかし、それはまた、ともに感覚を描き出していたということでもある。

これに対して、ピカソなどのキュービズムは――直接にはルネサンス的な「形態」よりも印象派的な「色彩」を批判しながらだが――まさにキューブ（立方体・立体）を描き出そうとした。これは、現象学的に見れば、（感覚される現出ではなく）知覚される現出者そのものを描こうとした試みだと言えるだろう。

このように、ルネサンス（形態）や印象派（色彩）と、キュービズムとの関係は、現象学的には、感覚的現出と知覚的現出者との関係として理解できる。人間の知的な営みは、それが事象そのものに関わるかぎり、どこかでつながっているようである。

しかし、考えてみれば、芸術的「創造」は、創造とは言っても「無からの創造」ではないだろう。芸術的「創造」は、それまで主題的になっていなかったものを主題的にしていくこと、あるいは、主題的には見えなかったもの（不可視性）を主題的に見えるもの（可視性）に変換していくことを、主要な契機とするのではなかろうか。他方、学問的「解明」は、そうした主題化的変換の仕組みを示すだろう。同じ場面を共有するかぎり、芸術と学問は、それほど離れたものではない。

直観経過における志向と充実

諸現出は現出者に向けて突破される。このことを述べた草稿で、フッサールはさらに「直観経過」ということも述べている。諸現出は、現出1、現出2、現出3……というように、経過していく。要するに、時間的な経過である。たとえば、正方形を私が左側から右側へ移動しながら見る場合には、現出は、左向きの平行四辺形（現出1）、台形（現出2）、右向きの平行四辺形（現出3）……というように経過していく（図3に戻って確認していただきたい）。

この着想は、後に「把持」、「原印象」、「予持」という概念に展開される。把持というのは、（客観主義的に見れば）すでに経過してしまった現出をなお保持しつづけている働きであり、予持というのは、（客観主義的に見れば）まだ到来してこない現出をすでに予期している働きであり、原印象というのは、この両者の中間で現出を受け取る働きである。そして、この三つの働きが「現在」あるいは「現在の幅」を形作る（現象学的に見れば、現在は点的な瞬間ではない）。

さらに説明するために、音の現出を例に取ってみよう。ドの音の現出、レの音の現出、ミの音の現出が経過していくとしよう。客観主義的に見れば（たとえばオシロスコープで音の波形を検出してみれば）、レ音の現出が原印象的に与えられているときには、ド音の現出は消失しているだろう。しかしながら、現象学的に見れば（言い換えれば、直接経験そのものに忠実であれば）、このとき、意識（志向的体験）は、把持によってド音の現出をなお現在的に保持している。また、このとき、意識（志向的体験）は、予持によってミ音の現出をすでに現在的に予期している。予持は、いつも次の現出をあらかじめ「志向」しており、たいてい、それが次の原印象的現出によって「充実」される。ミ音の予持的志向は、たいていミ音の原印象によって充実される（充実されない場合もあるが、これについては後述する）。

音の諸現出はこのように経過していくが、これらの諸現出を突破して、（バラバラの個別的な音の現出ではなく）ひとまとまりの現出者（メロディ）が知覚される。現出者と諸現出の相関関係は、いつも直観経過のなかに（あるいは時間意識のなかに）ある。

第四節　無前提性

フッサールは、「理論化の地盤喪失の脅威」に対して、諸学問（諸科学）を新たに基礎づけようとした。彼の見るところでは、諸学問の「下」には直接経験＝志向的体験があり、諸学問はこれから基礎づけられねばならない。そして、そのためには、直接経験＝志向的体験を、その外部から眺められると思い込むような考え方を中断して、これの「内部」に還元せねばならない。現象学は「下」と「内」からの哲学である。

この考え方から「無前提性」という着想が出てくる。だが、これは誤解されやすい。フッサールは、直接経験＝志向的体験こそがすべての学問／科学の基礎だと考えた。しかし、諸学問／諸科学を基礎づけようとするとき、直接経験＝志向的体験を解明する学問（現象学）が、おのれ以外の諸学問／諸科学の成果を用いてはならない。そんなことをすれば、循環論法になってしまい、基礎づけにならなくなってしまう。諸学問／諸科学の成果を、「上」からあるいは「外」から、現象学に持ち込んではならない。基礎学をめざす現象学は、派生学である諸学問／諸科学の成果をおのれの「前提」にはできないのである。

だから、現象学は「形而上学的、自然科学的、心理学的な無前提性を満たそうとする」。繰り返すが、現象学は、他の「学問」を前提にしないという意味で、「学問的無前提性」を主張するのである。これは、現象学がまったく前提をもたないということではない。それどころか、現象学は諸学問／諸科学の前提としての直接経験＝志向的体験をもち、これをおのれ自身で解明しようとするのである。

それにしても、フッサールは、なぜ「無前提性」という一見過激に思える言葉をわざわざ使ったのだろう。おそらく、フッサールは現象学の徹底主義的な特性をこの言葉によって強調したかったのだろう。現象学は「下」と「内」の立場を徹底するのである。

第二章　現象学の学問論

現象学は、直接経験＝志向的体験からどのようにして諸学問／諸科学を基礎づけることができるのだろうか。それを示すためには、まず「学問」というものそれ自体からはじめねばならない。しかし、なにぶんにも学問の話だから、どうしても硬くなる。いくらか気合いを入れて読んでいただきたい。しかし、どうしても気合いが入らないという向きには——少し残念だが——第三章に飛んでいただこう。おそらく、それでも最低限度はご理解いただけると思う。

第一節　論理学と心理主義

近代の自然科学は数学に依拠して展開した。しかし、（数学をそれほど必要としない）精神科学も含めて言えば、諸学問／諸科学は論理学に依拠しているということになるだろう。フレーゲのように数学を論理学の一部だとみなしてもよいだろうが、そこまで強く主張しないにしても、数学と論理学が諸学問／諸科学の基礎学だ、とは言えるだろう。では、その数学や論理学は、それら自体、基礎をもたないのだろうか。それらは一種の空中楼閣なのだろうか。

心理主義の登場

諸科学の危機の時代に、この基礎を心理学に求めようとする傾向が生まれた。一九世紀は自然科学が大きく展開した時代だが、この方向での（科学的）心理学はやや遅れて展開した。そして、最初期のフッサールにとって心理学は当時の最新の学問だった。フェヒナーの心理学などを思い出していただきたい。こうした心理学によって発見される人間の心理構造や心理作用の規則性によって数学や論理学を基礎づけようとする考え方が、「心理（学）主義」である（これはフッサールの語法で有名になったが、すでに当時使われていた言葉のようであり、フッサールはこうした言葉のオリジナリティなどどうでもよいと言っている）。最初期のフッサールも心理主義にかなり接近していた。彼はこう回顧している。「私は、つぎのような〔当時の〕支配的な確信から出発した。すなわち、論理学一般と同様に、演繹《えんえき》的学問としての論理学も、心理学によってこそ、その哲学的解明が期待されねばならない、という確信である」。

しかし、この心理主義には大きな問題が隠れていた。心理主義的に考えると、数学や論理学は、人間の心理構造や心理作用の規則性といったものに基礎をもつということになるだろう。しかし、そうすると、人間以外の生物にとっては別の数学や別の論理学が妥当するのだろうか。あるいは、人間のなかでも、いささか異なった心理構造をもった人にとっては別の数学や論理学が妥当するのだろうか。この方向で考えると、結局、生物それぞれ、各人それぞれに、数学や論理学があることになる。ピタゴラスの定理はもちろん、「3たす3は6である」というのも、人によっては（あるいは別の時代の人や別の文化の人にとっては）真理でないということになるかもしれない。もっと極端には、私においてすら、私がこの時点で認めている数学的真理も、私の心理作用の働き方が変わったときには、そうでなくなるかもしれない。このように見てくると、心理主義の問題がよく見えてくるだろう。数学的真理は、古代でも現代でも、東洋でも西洋でも、あなたにとっても私にとっても、いつも普遍妥当的なのではないか。

心理主義からの転向

フッサールの最初の著書『算術の哲学』（一八九一年）にも、その一部に心理主義的傾向が見られる。だが、フッサールは、すでにこの著書の校正をしている頃に、この問題に気づいていたようである。フッサールは日記に書いている。「私は何度も『算術の哲学』を読み返した。なんと未熟で、なんと素朴で、ほとんど幼稚と言えるほどだ。……出版の際に良心が咎めたのもゆえなきことではなかった。ほんとうのことを言えば、私がこれを出版したときには、私はすでにこれを乗り越えた地点にいたのだ」。

数学の基礎を追い求めていたフッサールは、当時の新傾向であった心理主義にかなり惑わされはしたが、しかし、そもそも数学者として出発した者として、結局のところ、数学的真理が「各人各様」（あるいは各心理作用各様）だというところに向かってしまう考え方を受け入れることはできなかった。そして、その後、「プロレゴーメナ」（序説）と名づけられた一九〇〇年の『論理学研究I』で、フッサールは（ある意味で過剰なまでの自己批判を込めて）強烈な心理主義批判を展開し、論理学を心理学から完全に切り離して「純粋論理学」として展開すべきことを主張した。

だが、当時、フレーゲも心理主義に強く反対していた。フレーゲは、論理学的なものは、直観や経験などとは無関係に、それ自体で独立した領分を形成している、とみなした。論理学的なものは言語に関わるが、フレーゲの論理学は、自然的な日常言語からさえも解放されねばならないほど（そのために彼は「概念記法」を編み出した）、直観や経験から純化されたものである。

プロレゴーメナ以後のフッサールは、数学や論理学がアプリオリな学問であることを認める。アプリオリなものの擁護という点では、フッサールとフレーゲは近い。しかし、両者には重要な違いがある。フッサールでは、数学的なものや論理学的なものは——フレーゲの考え方とは違って——直観的・経験的な基礎をもつのである。その基礎は直接経験

＝志向的体験にある。だが、この直接経験＝志向的体験をどう捉えるか、あるいは、その本性はどういうものなのか、が問題なのである。これを正しく捉えないと、心理主義に陥る。じっさい、『算術の哲学』のフッサールは心理主義に片足を突っ込んだ。では、プロレゴーメナ以後のフッサールはどう考えるようになったのか。直接経験＝志向的体験をどう捉えるようになったのか。いくらか複雑な説明が必要である。

第二節　アプリオリ

アプリオリとは

数学や論理学は「アプリオリ」である。この場合、フッサールが考える「アプリオリ」とは、ライプニッツが「事実の真理」に対比して「理性の真理」と呼んだものを形容する概念である。もっと簡単に言えば、アプリオリとは、数学を学んだ人ならば、そこで誰もが見出すような法則性などを形容する概念である。フッサールは「実際上、誰でも純粋数学からアプリオリ〔という概念〕を知る。誰でも数学的な思考様式を知っているし、是認している。われわれは、数学的な思考様式に即して、われわれの意味でのアプリオリ概念の方向を定めている」と述べている。

もう少し詳しく言うと、たとえば「汽車は最速の乗り物である」という命題は、過去のある時代においては「事実の真理」だった。しかし、それは、現代ではもはや真理ではなくなっており、それゆえ「汽車は最速の乗り物であった」というように過去形に「時制変化」する。これに対して、数学的な「3たす3は6である」は、「永遠の真理」であり、それゆえ「3たす3は6であった」というように過去形に「時制変化」することはない。このように、時制変化しない「ある」で表わされるものが、アプリオリであり、逆に、時制変化する「ある」で表わされるもの（「あった」になるもの）は、アポステリオリである。

カントのアプリオリとの相違

アプリオリ／アポステリオリという言葉を使うと、カントを思い出す人も多いだろうが、しかし、たとえばカントは、「そもそもの初めからアプリオリにわれわれのうちに与えられている」といった意味で、「アプリオリ」の語を用いることが多い。つまり、カントでも論理学はアプリオリだが、しかし、それは、論理学（的カテゴリー）が私たちの主観性に「あらかじめ」備え付けられているから、「アプリオリ」だというのである。しかし、フッサールは、主観性に「あらかじめ」備え付けられているという意味での「アプリオリ」を認めない。だから、フッサールは「カントは現象学的アプリオリを知らなかった」とも言う。フッサールの現象学的なアプリオリは、主観性に備え付けられた（一種の心理主義的な）認識装置とは無関係である。そうではなく、それは、時制変化しない「ある」がもつ特性であり、逆にアポステリオリとは、時制変化する「ある」がもつ特性である。したがって、これらは、心理主義的な概念ではなく、「ある」＝「存在」の特性に関わるという意味で、存在論的な概念なのである。

こうしたフッサールの「アプリオリ」は「理念的」（イデア的＝イデアール）とか「本質的」とか「普遍的」とか「必然的」といった諸概念と家族類似的なグループを作り、「アポステリオリ」は「実在的」（レアール）とか「事実的」とか「個別的」とか「偶然的」（そのつど的）といった諸概念と家族類似的なグループを作る。言うまでもないが、これらはすべて存在論的な概念である。

さて、数学や論理学は、アプリオリ・理念的・本質的・普遍的・必然的という存在論的性格をもったものについての学問（本質学）であり、心理学や物理学は、アポステリオリ・実在的・事実的・個別的・偶然的という存在論的性格をもったものについての学問（事実学）である。前者のものと後者のものは、そもそも「存在」の性格が違うのだから、後者から前者を基礎づけることはできない。さらに言えば、後者のものの学問は（事実的なものの測定にもとづいて）「精密学」になることができ、前者のものの学問は（本質的なものの構造連関にもとづいて）「厳密学」になることができるが、両者は別物である。フッサールは（心理主義批判以後）このような「存在論的」考え方を固めた。

アプリオリと時間

まだわかりにくいかもしれない。この「存在論的」考え方は、「時間論的」に見ると、よりよく理解される。アプリオリなものは、いつでもどこでも妥当するという「いつでも性」（普遍性）をもつが、アポステリオリなものは、ある時やある所でのみ妥当するという「そのつど性」しかもたない。「そのつど的なもの」から「普遍的なもの」を基礎づけることはできない。極端な例で言えば、「ある時」柳の下でドジョウが捕まったからといって（これが「事実の真理」だとしても）、「いつでも」柳の下でドジョウが捕まるわけではない。だが、数学的法則のような「理性の真理」に属するものは、「いつでも」真理である。いや、それは「もともと」（アプリオリに）真理だと言うべきである。確率が高いこととしての蓋然性（とりわけひじょうに高い蓋然性）と必然性は混同されやすいが、蓋然性はあくまでも事実的である。だから、両者は、じつはまったく異質である。

こうしてアプリオリとアポステリオリが峻別される。そして、このどちらを扱うかによって、アプリオリな学問とアポステリオリな学問が区別される。より具体的には、「本質」はアプリオリであるから、これについての学問（本質学）はアプリオリな学問である。他方、「事実」はアポステリオリであるから、これについての学問（事実学）はアポステリオリな学問である。この両者がはっきりと区別された今では、心理学はアポステリオリな学問だから、その心理学によって、アプリオリな学問である数学や論理学を基礎づけることはできないと言えば、フッサールの心理主義批判も十分に理解していただけるだろう。

経験はすべてアポステリオリか

フッサールはアプリオリな数学や論理学がさらに直接経験＝志向的体験に基礎をもつと考えた。これは心理主義と同じ轍を踏むのではなかろうか。しかし、フッサールは心理主義を（自己）批判したのである。とすれば、フッサールは、新たな直接経験＝志向的体験の捉え方を獲得したのではなかろうか。では、フッサールはどう考えたのか。

もし直接経験＝志向的体験が——内側から見られてもなお——、「経験」という言葉がそう思わせるように、アポステリオリな成分だけから成り立っているのであれば、フッサールの基礎づけの試みは最初から失敗を運命づけられているだろう。経験則などというものは、（もうひとつ別の例を出せば）「蛙が鳴いたら雨」と基本的に同じレベルのものであり、ある程度まで蓋然的に当たるとしても、普遍妥当性はない。蛙が鳴いても雨が降らないことは、ざらにある。こうした経験から普遍妥当性を基礎づけることはできない。

これは古代ギリシャ以来の考え方だが、これをことさらに強調したのが近代ではヒューム（経験論）である。これを承《う》けて、カントも経験をアポステリオリだと考えたが、しかし、そうすると、アプリオリの余地がなくなってしまうだろう。だからこそ、カントは、アプリオリな成分を主観性のなかに「アプリオリに」備え付けておくことによって、それを確保しようとした。しかし、そんな一種の生得的な装置を設定するのは、フッサールから見れば、やはり一種の心理主義にほかならない。また、たとえばフレーゲは、なるほどカントのようにアプリオリな成分を主観性に備え付けなかったが、しかし、経験のなかにそれを認めたわけではない。言い換えれば、フレーゲは、それを「表象」の内的世界に置かなかったが、しかし、「物」の外的世界に認めたわけでもない。だからこそ、「意味」や「思想」のために「第三領分」というようなものを新たに設定することになった。

アプリオリは経験から抽出される

だが、フッサールの見るところでは、経験（直接経験＝志向的体験）は、アポステリオリな成分だけで成り立っているのではなく、アプリオリな成分を含んでいる、あるいは少なくともその先行形態を含んでいる。そして、「直観」がこの直接経験＝志向的体験からアプリオリな成分を抽出してきて、それを論理的なものへと仕上げるのである（なお、「直観」もカントでは感性的なものに限定されるが、フッサールではそうではない）。

このようにして抽出された成分は、それ独自の法則性をもつ。その法則性は、私たちが恣意的に決められるようなものではない。たとえば、ウラニウムは鉱石から抽出されるが、私たちがその物理的特性を恣意的に決められるわけではない。いや、数や幾何学的なものの特性はもっと堅固である。たとえば、幾何学的な「円」は、たとえ完全な形では直接経験＝志向的体験に見出されないとしても、これのなかから「意味」として抽出される。だが、私たちの直観がそれを抽出するとしても、私たちがその本質特性（たとえば円周率）を恣意的に決められるわけではない。

この点で、フッサールの考え方は厳格である。たとえば空想の場合がある。空想は、アポステリオリなものの性質を、自由に・恣意的に変更することができる。しかし、フッサールの見るところでは、ものの本質（これはアプリオリである）は、空想でさえ、恣意的に決められない。いや、恣意的に決められるようなものは、そもそも本質ではないのである。たとえば色はアプリオリに広がりをもつという本質特性をもつが、空想でもこれを変えることはできない。変えられるようなものは、そもそも、そのものの本質ではない。こういう意味で、アプリオリなものは、空想的なものとは異質であり、混同されてはならない。

では、具体的に言って、アプリオリなものは直接経験＝志向的体験のなかにどのように含まれているのだろうか。この含まれ方を解明できなかったから、ヒュームはアプリオリなものを基本的に（じつは微妙な例外があるが）否定し、カントはそれを主観性にあらかじめ備え付けたのではないか。さらに、フレーゲが第三領分に代表されるような考え方を持ち出したのも、この点を解明できなかったというかぎりでは、同じことなのではないか。とすれば、それがどのように含まれているのかを明らかにするのが、現象学の仕事になるのだが、その答えはもう少しお待ちいただきたい。その前に述べておかねばならないことがある。

アプリオリの起源の純粋に現象学的な解明

初期のフッサールが見るところでは、当時すでに、論理学を形式論理学（純粋論理学）として展開させるライプニッツ的方向での研究はかなり進んでいたのだが（フッサールはロッツェやボルツァーノなどの名を挙げている）、しかし、フッサールの意味での（直接経験＝志向的体験に還元し、そこでアプリオリな成分の起源を分析する）純粋に現象学的な研究はまだ始まったばかりだった。フッサールはマッハ宛の書簡にこう書いている。「私は、これまでほとんど扱われてこなかった……ひとつの問題圏域に取り組んできたという確信をもっています。純粋論理学的なものの形式主義的な扱いは欠けていませんでした。しかし、おそらく、純粋論理学的なものの純粋に現象学的な解明が欠けていたのです。厳密に記述的に、そして形而上学的な諸前提や個別科学的な諸前提すべてから解放された仕方で、論理学的諸理念の『起源』を証示するという目標は、長いあいだ到達されませんでした」。

ここによく示されているように、フッサールはひとまず純粋論理学を確保する。これは、純粋論理学のうえに諸学問を基礎づけるためである。しかし、フッサールは、この純粋論理学をさらに直接経験＝志向的体験から基礎づけようとするのであり、この後者こそが「純粋に現象学的な解明」としてフッサールにとって決定的に重要だったのである。

第三節　論理学と存在論と真理論

諸科学／諸学問の基礎づけという現象学的構想のなかで捉えられた「論理学」は、独特の役割を割り当てられる。ふつうの（狭義の）論理学は、言語とそこに現われている論理を扱う独立の一学科である。しかし、フッサールにとって、論理学は、それだけでなく、諸学問の基礎学であり、これは、諸学問が学問であることができるための条件を示す役割を負う。この意味での（広義の）論理学は、諸学問の論理を明らかにする学問である。

もう少し具体的に言うと、総じて学問は「無意味」であったならば、学問ではなくなってしまう。だから、論理学は「無意味」を排除するものでなければならない。これがフッサール的論理学の第一の条件である。無意味を排除することは（全面的にではないとしてもかなりの程度まで）狭義の論理学のなかだけでも可能である。

また、諸学問はそれぞれが扱うべき対象領域をもっている。物理学は物質的な物を扱い、生物学は生命現象を扱うといったように、である。諸学問は、じつは対象の意味領域の区分にもとづいて区分されているのである。とすれば、諸学問を基礎づけるためには、まず対象の意味領域を確定せねばならないだろう。これがフッサール的論理学の第二の条件である。これも論理学（ただし広義での論理学）の仕事である。現代的に言い換えれば、この広義の論理学は一種の科学論／学問論としての役割を担う。

さて、この二つの条件に関わる論理学を、フッサールは「存在論」と一体化させている。この場合の「存在論」とは、論理学的な「表現」が指し示している当のものについての理論である。したがって、これは広義で「対象論」（もっと正確には本質によって区別されたかぎりでの対象論と言うべきだろうが）と呼んでもよいような性格を持っている。論理学を、言語とその論理のみを扱う独立の一学科（狭義の論理学）とみなすことに慣れた人々には、フッサール的な考え方（論理学を存在論に結びつける考え方）は奇異に映るかもしれない。しかし、論理学が存在論から独立の一学科となったことのほうが近代特有の出来事なのである。逆に、フッサールの考え方は、アリストテレス以来の伝統に根ざすものである。ただし、それと同時に、フッサールは、この伝統を自身の思考によって刷新しようとする。現象学は、古臭いと同時に斬新である。

そして最後に、フッサールは、右の二つの条件と関係させつつ、真理の条件をも示すだろう。これは最広義での論理学の役割である。以下、順に見ていこう。

形式論理学

第一の条件（無意味の排除）に関わる狭義の論理学から検討したいが、「無意味」という概念自体が多義的である。(一)、そもそも「意味」をもたない言葉（たとえば「アブラカダブラ」）は、無意味である。(二)、「白いそして」は文法的に無意味である。(三)、「丸い四角」は、「丸い」の意味と「四角」の意味が互いに矛盾するかぎりで、無意味である（これをフッサールは特に「反意味」と呼ぶ）。(四)、「黄金の山」は、それが実在しないかぎりで、無意味である。こうしたいろいろな無意味のうち、アプリオリに対象の充実した直観に至りえないもの（以下これが問題になる）をあらかじめ排除するのである。

1、命題論と存在論

もっぱら言語的な結合の仕方を考察する論理学の部門を、フッサールは「命題論」と呼ぶ。彼は、この命題論において、「無意味」を排除するために、「意味」を「形式的」に捉えて、それを支配する法則に照らしながら不適切なものを排除していく、ということを考えた。しかも、これを、彼は、先述のように存在論（対象論）と絡ませて構想した。この存在論は「形式存在論」と呼ばれる。いずれにしてもわかりにくいが、形式存在論から説明するほうが、よりわかりやすいだろう。

2、形式的と質料的

まず、「形式（的）」という概念について述べねばならないが、これは「質料（的）」という概念に対立する。そこで、「質料的」という概念から述べよう。対象は、たとえば石であったり、犬であったり、人間であったりする。この「石」とか「犬」とか「人間」というのは、その対象が「何」であるかを表わす成分である。あるいは、「それは何であるか?」と問われたときに、「それは……である」と答えられるが、この「……」の部分が「何」の内容である。そして、この「何」が、そのつど「石」とか「犬」とか「人間」とかである。こうした「何」を含む成分を、フッサールは「事象内容をもった本質」と呼ぶ。こうしたものが「質料的」と呼ばれる(それゆえ、これは「形式的」でない)。

これに対して、「一(個)の」とか「一(匹)の」とか「一(人)の」といった成分がある。英語の授業を思い出していただきたい。「それは何であるか?」という問いに対して、「それは一(本)のペンである」と答えるように教えられた記憶をお持ちだろう。日本語ではたいてい「それはペンである」と言う。「それは一(本)のペンである」などとはあまり言わない。そんなわけで、英語の言い方に違和感を持たれた方も多いと思うが(かく言う私もそうだった)、ともかくも、西洋語ではこういう言い方がなされることが多い。この場合、「一」は「数」である。この「数」そのものは、「事象内容をもった本質」とは区別される。「一」のような「数」は「事象内容をもたない本質」であり、これを示すのが「形式的」という概念である。「数」は、形式的な対象である(それゆえ、これは「質料的」でない)。

3、形式存在論の法則

「代数」は、「形式的対象」としての数をまさに形式的に扱う。代数においては、それにどんな数が代入されるかとは無関係に、その法則だけで演算・操作が進められる。この意味で、代数（学）は最も典型的な「形式存在論」である。

代数（学）＝形式存在論では、具体的には、どういう法則があるだろうか。フッサールは、「a×b」という結合は制限なしに数を生じるが、「a÷b」という結合は一定の制限のもとでのみ——bが0である場合を除くといったことであろう——数を生じるという例を出している。この場合、数という形式的対象の結合に関してアプリオリな法則が支配しているのである。

4、形式命題論の法則

「言語」も、この「代数」的な考え方を拡張することによって捉えることができるだろう（これはデカルト的発想に近い）。このとき、「形式命題論」が得られる。形式命題論は代数の拡張形態であり、それゆえもともと代数的（形式存在論的）である。そのため、形式命題論は、形式存在論と基本的に同じ法則をもつ。そして、この二つの側面（形式命題論と形式存在論）が結びついて成り立っているのが、フッサールが言う「純粋論理学」（形式論理学）である。

形式命題論は、最初に、言語的なものを分類する。具体的には、言葉を名詞や形容詞などに分類することを考えればよい。それらは、「白い犬」（形容詞と名詞の結合）のようにさまざまに結合される。これは有意味な言葉を生む。しかし、「白いそして」（形容詞と接続詞の結合）は、一種の無意味として排除される。

名詞と名詞は、基本的にいつでも結合でき、新たな名詞を生む。形容詞と形容詞の結合も、命題と命題の結合も、同様である。ここにもやはりアプリオリな法則が支配している。

次に、たとえば矛盾律「Aは非Aではない」に反するような結合、「非AであるA」といった結合は、どうだろうか。これも排除される。ここにもアプリオリな法則が支配している。さらに、たとえば「丸い四角」という結合は、どうだろうか。この場合には、「丸い」の意味と「四角」の意味が矛盾してしまう。「木製の鉄」なども同様である。このように意味同士が背反しあうものをフッサールは「反意味」（不条理）という特殊な意味と捉えるが、やはり排除する。この反意味の場合には、純粋に形式的ではなく、その対象の事象内容が関係しているが、しかし、反意味は、なお論理学の射程に収まっている。「正六十四面体」はどうだろうか。この場合には、数学（形式存在論）に訴えて検証する必要が出てきそうである。だが、形式命題論を形式存在論と一体的に捉えれば、やはり論理学の射程に収まっている。そして、ここにもアプリオリな法則が支配しており、これによって、これらは排除される。

これ以外に、「黄金の山」のように、形式命題論のレベルでは問題なしだが、そうした対象が現実に存在しない場合もある。これは、そうした対象が現実に存在していてもおかしくないが（そして、それの存在を空想することもできるが）、しかし、ただ偶然に、ただ事実的に、実存しない（実在的に存在しない）のである。つまり、これも、無意味ではなく、りっぱに「意味」をもっているが、しかし、実在的な「対象」をもっていない（日常的には、これも「無意味」と呼ばれることがあるが、これはじつは無意味ではない）。このような事例では、それを排除するアプリオリな法則は存在しない。アポステリオリにその現実の存在（実存）を確認する以外にはない。

5、無意味の排除と真理・誤謬

形式命題論のレベルで無意味でない言語表現が、実在的に存在する対象か理念的に存在する対象の充実した直観に対応する場合には、そしてこの場合にのみ、「真理」が可能になる。無意味なものは、真理に関わることができない。ただし注意していただきたいが、無意味ということは、誤謬ということではない。誤謬とは、それまで真理だと思われていたが反証されたもののことである。ところが、無意味は、そもそも、真理にも誤謬にも関わることができない。それは、真理以前そして誤謬以前に、排除されるべきものなのである。こうした無意味を言語的なレベルで可能なかぎりあらかじめ排除しておくのが、形式命題論の役割である。そして、この先行的排除を免れたものだけが、真理や誤謬という身分をもつことができる。

6、形式命題論の拡張

フッサールでは、形式命題論と形式存在論は一体的であった。だからまた、「あらゆる形式命題論的な諸法則は、形式存在論的な諸法則へと等価的に転換される」ということにもなる。とはいっても、形式存在論は形式命題論のモデルなのだから、後者から前者へ法則を転換するというのは、実際上の意味合いをほとんどもたない。しかしながら、形式存在論が拡張されるときには、この転換は実際上の意味合いをもってくる。

フッサールは、「形式存在論」を拡張して、「形式価値論」と「形式実践論」を構想していた。これは、従来のいわゆる知・情・意の能力三分法に対応する構想である。つまり、「知」に対応する「形式存在論」、「情」に対応する「形式価値論」、「意」に対応する「形式実践論」という構想である。「形式価値論」や「形式実践論」における諸法則を発見するためには、「形式命題論」(これは形式存在論に対応するが)の諸法則をこれらの次元へと転換することが有効になってくるだろう。要するに、フッサールは、哲学から美学や倫理学に諸法則を拡張できると考えていたのである。これらにおいて諸法則は共通である(このことと連関するが、フッサールは理性を「理論理性」「美的理性」「実践理性」などに分離することを認めない。理性はひとつだ、というのである)。

7、自明性と最も困難な諸問題

さて、仰々《ぎょうぎょう》しい言葉がたくさん登場した。しかし、その割には、フッサールの論理学の構想で扱われるのは、およそ「自明なこと」あるいは「月並みなこと」にすぎないと考える人もいるかもしれない。なにしろ、アプリオリなものは普遍妥当的だから、それに関してそんなに珍しいことがあるはずもない。しかし、これらの「背後」(あるいは「下」)には「最も困難な諸問題」が隠れている、とフッサールは言う。では、この「最も困難な諸問題」とは何か。それこそまさに「純粋に現象学的な」諸問題である。つまり、アプリオリな論理学そのものの基礎が求められねばならないのだが、しかし、この基礎(直接経験=志向的体験)を発掘することが、最も困難なのである。

フッサールの論理学の構想は、大枠では、以上のようなものである。とはいえ、フッサールは、その構想を——少なくとも現在の資料が示すかぎりでは——完成された形で呈示しなかった。むしろ、ある意味で完成された形で論理学の構想を呈示したのは、フレーゲである。フレーゲは、アプリオリなものを、経験（ただしアポステリオリとみなされたかぎりでの経験）とは独立な領分において、自己完結させようとしたとも言えるだろう。しかし、このフレーゲの試みは、ラッセルのパラドクスの発見によってほとんど致命的とも言えるような打撃を受けることになる（先述のように最近はまた見直されているが）。フッサールもフレーゲにある程度まで似た論理学を——おそらく最初期の彼が取り組んでいた、多様体論という一種の数学的な集合論を拡張して——構想していたと思われるが、しかし、そうだとしても、論理学がさらに直接経験＝志向的体験に基礎をもつと見るフッサールの論理学は、論理学だけで自己完結しなくてもよい。その外部から、いや、その下（基礎）から支えられていてよい。しかも、フッサールにとっては、その基礎を発掘すること（「純粋に現象学的な解明」）こそが最も重要だった。だが、この発掘の経緯を確認する前に、現象学的論理学にとって重要なもうひとつの存在論を見ておかねばならない。

領域存在論

フッサールは「形式的なもの」と「質料的なもの」の区別を重視する。「一」や「二」は事象内容をもたない「形式的な本質」だが、「石」や「犬」は事象内容をもつ「質料的な本質」である。フッサールは、前者に関わる「形式存在論」（形式対象論）と対比的に、後者に関わる「領域存在論」を構想した。この領域存在論は、諸学問にその領域を指定する。事象内容をもつ質料的なものに関わる諸学問には、大別して自然科学と精神科学があるが、領域存在論は、こうした科学を区分する原理を与える。これは（広義の）論理学の第二の任務である。

1、種と類と領域（最高類）

事象内容をもつ質料的な本質は、「類」と「種」の段階構造をもつ。「犬」を例に取れば、それの最低段階の「種」は「秋田犬」といったものだろう。ただし、誤解されやすいが、最低種（フッサールは「スペチエス」と呼ぶ）は「個体」ではない。最低種は、あくまでも種であるから、最低限度の普遍性をもっており、この普遍性のうちにもろもろの個体を包摂している。つまり、秋田犬という最低種は、種としては最低だが、それでも個体ではなく、そこにはシロやポチといったもろもろの個体が含まれるのである（このことがしばしば誤解される)。

そして、事象内容をもつ質料的なものは、最低種＝スペチエスとしての「秋田犬」から、「犬」、そして「哺乳類」というように、「類」の段階系列を上昇していく(この段階をさらに細分してもよいが、しかし、細分はこの考え方そのものには影響しない)。そして、最後には「生物」といった「最高類」にまで到達する。かくして、事象内容をもつ質料的な本質は、最低種から最高類までの段階系列に広がっている。これに対して、事象内容をもたない形式的な本質は、こうした段階系列をもたない。

フッサールは最高類を「領域」と呼ぶ。領域は三つある。「物質的自然」、「生命的自然」、「精神世界」である。

もう少し詳しく言うと、「物質的自然」においては、物理的な物が主役となる。そして、この「物質的自然」は、広義の物理学に対応する領域である。

「生命的自然」においては、心理物理的な生物が主役となる。そして、この「生命的自然」は、広義の生物学に対応する領域である。

かくして、物理学と生物学の区別は、物質的自然と生命的自然の領域的区別に依存するが、しかし、物理学と生物学はともに自然科学に属する。

「精神世界」においては、どうだろう。ここにも「物」は存在するが、しかし、それは物理的な物ではない。それは、「道具」や「文化的対象」(実用品であったり、芸術作品であったり)である。ここでの主役は人間である。だが、それは心理物理的に解明されるヒトではない。それは、「我と汝」(私とあなた)というような「人称性」をもった「人格」である。言い換えれば、人格は、互いにコミュニケーションをとって理解しあい、「人格結合」(和辻哲郎ならば「間柄」と呼ぶだろうか)を形作っている。この「精神世界」は精神科学に対応する領域である。

かくして、諸学問の区分が諸領域の区分から基礎づけられる。

2、三領域の基づけ関係

これら三領域はどう関連するのだろうか。フッサールは一方で「基づけ」という関係を考えている。つまり、物質的自然は、生命的自然なしにもありうるが、生命的自然は、物的自然なしにはありえない。生命的自然は物的自然に基づけられている。精神世界はさらに生命的自然なしにはありえない。精神世界は生命的自然に基づけられている。かくして、物質的自然、生命的自然、精神世界という順で、基づけ関係が見出される。

ところが他方で、フッサールは「態度」に注目する。物質的自然や生命的自然に対応するのは、「自然科学的」態度(あるいは「自然主義的」態度)であるが、しかし、これよりも、精神世界における「人格主義的」態度（あるいは「自然的」態度）のほうが先行する、というのである。少しわかりにくいかもしれない。たとえば、私たちが最初に経験するのは「物質的な物」ではなく「道具」だと言えば、よりよく理解していただけるのではなかろうか。私たちは、すでにたとえば鉛筆や歯ブラシになじんでおり、その後ではじめてそれらを物理的な物として見る見方（態度）を身につけるのである。あるいは、私たちは、すでに「あなた」（とりわけ親称の「汝」）となじんでおり、その後ではじめて人間を心理物理的な生物（ヒト）として見る見方（態度）を身につけるのである。人間を「あなた」として見る見方（態度）は、人間を、「人称性」（Persönlichkeit）をもった「人格」（Person）とみなす態度であるから、「人格主義的」（personalistisch）態度と呼ばれる（本書の読者「あなた」も、ふつうは人格主義的態度を取っておられるはずだ）。

かくして、精神世界および人格主義的態度の先行性が認められることになる。私たちは、自然主義的態度を取る以前に、人格主義的態度において生きている。人格主義的態度における道具や人格こそが、根源的に経験されている。逆に、自然科学的態度における物理的な物や心理物理的な生物は、派生的に経験されるにすぎない。こうした人格主義的態度の精神世界は「生活世界」とも呼ばれるだろう。自然科学よりも生活世界のほうが先行し、前者は後者から派生するのである。生活世界こそが自然科学的領域の始原（起源／根源）である。

かくして、先述した三領域の基づけ関係も転換されることになる。精神世界／生活世界こそが根源的であり、物質的自然や生命的自然は派生的である。

3、生活世界概念の成立と展開

フッサールは、右のような「生活世界」の考え方を、アヴェナリウスの「人間的世界概念」やディルタイの「精神科学」を取り入れつつ展開した。とはいえ、こうした考え方は、あくまでもフッサールがもともと持っていた科学論的／学問論的な考え方と重なっている。つまり、フッサールは、諸学問の基礎としての論理学のさらに基礎（直接経験）を求めていたが、それを発掘する手助けを彼らの概念に見出したのである。

さて、このことに深く関係するが、生活世界的経験は、アヴェナリウスやディルタイにおいてそうであったように、超越論的還元をせずに「生活世界の存在論」において解明されることもできる。これはまた——フッサールが「内的同盟」関係を認めていたディルタイの言葉で言えば——「精神科学」において解明されることができるということでもある。

こうした方向性はフッサール以後の現象学者たちに受け継がれた。まず、ハイデガーである。ハイデガーは、領域存在論を示したフッサールの『純粋現象学と現象学的哲学のための諸構想』第二巻（これは通常『イデーンII』と略記されるが、フッサールの生前には結局刊行されなかった）の草稿を——フッサールの許可を得て——閲読した。そして、ハイデガーは、自然科学的な物と区別された「道具」について、フッサール以上に見事な分析を残した。道具は、日常的には、他のもろもろの道具とのネットワークのなかに置かれている。たとえば、鉛筆という道具は、机やノートなどと「意味」のネットワークを形成している。それらは、互いに調和的に指し示しあっている。このネットワークのなかにあるかぎり、つまり、適材適所に置かれているかぎり、道具は目立たない。ところが、それが適材適所から外れたり壊れたりすると、それは目立ってくる。たとえば、鉛筆が風呂場に置かれていたりすると、「なぜこんなところにこんなものがあるのだ」というようにして、目立ってくる。道具が壊れた場合も同様である。これに対して、自然科学的な物は、そもそも他の道具とは切り離され、それゆえ適材適所性から切り離されて、それゆえまた意味のネットワークからも切り離されて、それ単独で（ある意味では実験室でと言ってもよい）捉えられている。このように、道具と自然科学的な物はまったく異なっている。前者は「手元存在者」、後者は「手前存在者」などと呼ばれたりする（ハイデガーは「手」にこだわる）。このようなハイデガーの道具の分析は、フッサールの精神世界／生活世界の分析から着想を得てさらに展開されたものである可能性が高い。

ちなみに、フッサールが「生活世界」という言葉を最初に使ったのは一九一七年頃だと言われているが、ハイデガーはすでに一九一八年にこの言葉を使っている。これは、当時のフッサールとハイデガーがいかに近しい関係にあったかを示す例であろう。「あなたと私が現象学だ」という言葉を思い出していただきたい。フッサールはハイデガーを深く信頼していたのである(それだけに、その後の落胆は大きかったのだが)。

メルロ＝ポンティは、フッサールの遺稿を保存したフッサール文庫を訪れ、『イデーンII』の草稿を閲読した。メルロ＝ポンティは、生活世界の概念(フランス語では「生きられる世界」と訳された)にはもちろんだが、とりわけ身体の分析や間主観性の分析に興味をもったようである。人間(身体)は、世界とのあいだに、古典的な反射学説や行動主義心理学が見出すような(自然主義的な)対応関係をもつものではなく、世界に身を挺しつつ「意味」を受け入れ・形成するというのである。メルロ＝ポンティの登場によって、現象学は新たな光のもとで展開した。ただ、『イデーンII』では、心理物理的な身体の分析がかなり多く見られる。これは、メルロ＝ポンティ自身のもともとの考え方に近いものであり、それゆえにメルロ＝ポンティとしてもフッサールのこの分析を受け入れやすかったと思われる。このことは、メルロ＝ポンティの分析がより心理学に近いものであることと深く関わっている。

「現象学的社会学」を樹立したアルフレッド・シュッツは、フッサールの超越論的分析をいわば脇に措き、日常的な生活世界に目を向けつつ、それを「意味」の構成という観点から解明しようとした。つまり、社会の成員が社会のなかでみずから形成している「意味」を捉えようというわけである。これは、たとえば人間を統計的・数値的に扱おうとする社会学（これは自然科学的態度の亜種だろう）とは大きく異なる。これも「生活世界の存在論」の発展形態である。

また、いわゆる現象学者ではないが、ハーバーマスは、「生活世界」という語が二〇世紀における「最も実り豊かな造語」だと認めている。ハーバーマスは、社会が、合理性を追求するシステムとしての側面と、そのメンバーたちの間主観的な合意が支える生活世界としての側面をもつということを指摘する。そして、前者が後者を浸食している（植民地化している）とみなし、後者を擁護しようとする。こうなると、現象学的分析が一種の政治的文脈のなかに広がったことになる。

このように、フッサールの領域存在論（とそこから生まれた生活世界論）は、さまざまな影響を及ぼすことになった。この点からすると、領域存在論は最も重要なものだったとも言えるかもしれない。

しかしながら、フッサールにとっては、領域存在論は、事象内容をもった本質に関わるアプリオリな理論だった。しかも、事象内容をもった本質は重要な成分だが、しかし、すべてではない。論理学と諸学問の基礎づけのためには、事象内容をもたない形式的成分に関わるアプリオリな理論も必要である。いや、さらに、存在の構成理論、時間の構成理論、空間の構成理論、間主観性（他者）の構成理論といったものも同様に必要である。そして、これらはすべて、直接経験＝志向的体験の分析によって基礎づけられることになる。フッサールの目的にとっては、この分析のほうが、より重要であった。この分析は、「超越論的論理学」と呼ばれるが、これについては、第三章以下をお待ちいただきたい。

真理論と学問論

アプリオリなものについての学問（数学や論理学など）は「本質学」であり、これが見出す「真理」は――ライプニッツの言葉で言えば――「理性の真理」であった。アポステリオリなものについての学問（物理学や心理学など）は「事実学」であり、これが見出す「真理」は「事実の真理」であった。

だが、それにしても、そもそも学問が依拠する「真理」とはどういうものか。これも、学問論としての広義の論理学が示すべき事柄のひとつだろう。しかも、現象学も、基礎学とはいえ学問であるかぎり、「真理」の基準には従わねばならない。このとき、微妙な問題が発生する。

さて、真理には伝統的に「整合説」と「対応説」がある（ハイデガーは「非-隠蔽性」という新たな真理の概念を提起したが、今は措く）。近代以後の数学は、とりわけ整合性を追究してきたとも言えるだろう。それは、現実と対応するかどうかにはお構いなしに、ただ論理的に整合的であることだけを条件にしてきた。しかし、このことが学問の危機を招いた一因でもあった。

フッサールは、形式論理学の一部で整合性も取り上げているが、しかし、それは、真理の基準というよりも、真理／誤謬に先立って無意味を排除するための基準であった。むしろ、彼は対応性を重視している。彼の真理論は、大雑把に言えば、対応説的である。

1、存在論的な条件

さて、対応説的立場において言語的意味が真理でありうるためには、第一に、存在論的な条件をクリアせねばならない。この場合、「存在」には三種類がある。アポステリオリなもの（事実的なもの）に対応する「実在的な存在」（時制変化する存在）、アプリオリなもの（本質的なもの）に対応する「理念的な存在」（時制変化しない存在）、そして、想像的・空想的なものに対応する「中立的な存在」（これは日本語で表現するのがややむずかしい）である。そして、真理が可能であるためには、言語的意味が実在的な存在をもつものに対応するか（この場合には「事実の真理」が可能になる）、理念的な存在をもつものに対応するか（この場合には「理性の真理」が可能になる）が必要である。言語的意味が中立的な存在をもつものに対応しても、本来の真理は成立しない（疑似真理といったものを認めれば、話は別だが）。だが、これについては、「存在」の分析を参照せねばならない。

2、認識論的な条件

右の真理が成り立つためには、第二に、認識論的な条件をクリアせねばならない。これに関するフッサール自身の定義を引けば、真理とは「思念されているものと、与えられているものそれ自体との、完全な一致」である。この「思念されているもの」は、たとえば「言語（的判断）の意味」と言い換えることができるし、「与えられているものそれ自体」は、「知覚された事態」などと言い換えることができる。もっと具体的に言えば、「千鳥ケ淵に桜が咲いている」という「言語（的判断）の意味」と、それに対応する知覚的な「事態」（千鳥ケ淵に桜が咲いているという事態）との関係である。この両者が一致しているならば、その一致が真理である。もちろん、一致しないこともありうる。現在の「事実」として、千鳥ケ淵に桜が咲いていないことは、十分にありうる（その場合には「千鳥ケ淵に桜が咲いていない」が真理であり、「千鳥ケ淵に桜が咲いている」は誤謬である）。

さて、この両者の一致は「明証性において体験される」とフッサールは言う。「明証性」(Evidenz)というのは、デカルト由来の概念だが、日常的にはあまり聞き慣れないかもしれない。これは、「外へ出て」(ex)と「見る」(videre)からできた言葉であり、暗い室内(昔のヨーロッパの家は、寒さを防ぐために窓が小さく、暗かったらしい)から屋外の白日のもとに出て物を見るときの状態だと考えればわかりやすいだろう。それは、要するに、物が、白日のもとにさらされ、曖昧さ(この漢字はもともと暗さを意味する)なく、明るくはっきり見える状態である。明晰・判明に見える状態と言い換えてもよい。言語の意味と知覚の一致がこうした状態にあるならば、それは「明証性において体験される」ということになる。真理は、こういう状態でこそ真理と認められるのである。

だが、明証性は程度をもつ。たとえば、夜間よりも昼間に千鳥ケ淵へ行けば、その言語的意味と知覚的事態が(事実として)一致しているかどうかが、より明証的に確認されるだろう。逆に、夜間に行けば、あまり明証的に確認することはできない。夕方ならば、中間的であろう。このように、明証性は程度差をもつ。言語的意味と知覚的事態が一致していることが完全に明証的に確認される場合には、その明証性は「十全的明証性」と呼ばれる。逆に、あまりはっきりしないならば、「不十全的明証性」ということになる。学問が見出す理想的な真理は、もちろん十全的明証性において得られるはずである。

3、知覚の直観経過における認識論的な対応関係

右のことは言語と知覚との「対応」関係についてのことだが、しかし、言語以前の知覚（直接経験＝志向的体験）そのものにおいても、より根源的な「対応」関係が見られる（現象学そのものの学問性にとっては、こちらがより重要である）。だが、知覚においては、より根源的なものと、より派性的なものが区別される。ここで用語上の注意が必要になる。ひとたび派性的なものが成立すると、根源的なものも、それと同列に捉えられてしまう。これを避けるために、根源的なものには「原」の前綴りが用いられる。「原……」は、それ以外のものの根源にある。

さて、知覚においては、先述のように「直観経過」が生じており、この「直観経過」のなかで「予持」の志向が次々に充実されていく。つまり、一種の「思念されたもの」としての「志向（予持）されたもの」が、次々に、一種の「与えられているもの」としての「充実されたもの（原印象）」に対応していくのである。この対応が順調に進んでいるかぎ

り、真理がつねになんらかの程度の明証性において体験されている。学問的でない生活においては、これで十分である。

しかしながら、学問的に厳密に考えると、どうだろう。知覚的な直観経過においては、つねに新たな志向（予持）が生じており、それはまだ充実されていない。つまり、この新たな志向と充実の対応は確認されていない。家を見る場合でも、ひとつの側面は見たが、他の側面はまだ見ていない、いや、この側面を見ても、さらに他の側面はまだ見ていない、といった状態が進行していく。こうした未確定部分（まだ見ていない側面）が含まれているかぎり、これを含む諸現出との相関関係のなかで構成される現出者そのもの（家そのもの）が「十全的明証性」において知覚されることはありえない。それは、いつもなんらかの程度の「不十全的明証性」においてしか知覚されない。

だが、「現出者」そのものは十全的明証性において捉えられないとしても、充実されている「現出」だけにかぎっては、どうだろう。これはいつも十全的に明証的なのではなかろうか。フッサールも長らくそう考え、これにこだわっていた。

しかしながら、充実されている諸現出にしても、諸現出はさしあたり非主題的に体験されているだけである。言い換えれば、それらはいつも突破されてしまっている。それらをまさにそれらとして明証的に「認識」するためには、それらを内在的に知覚せねばならない、すなわち「反省」せねばならない。そして、学問としての現象学はこの反省を方法とする。「現象学的方法は、徹頭徹尾、反省の諸作用のなかで働く」。

しかしながら、フッサールは、「把持のおかげで、われわれは意識を客観にする（＝反省する）ことができる」と言う。つまり、反省によって主題的に捉えられるのは、把持された現出だけである。しかし、そうであるかぎり、把持されていないものは、意識の客観にならず、反省されず、それゆえ明証的に認識されない、ということになる。とすると、反省においては、把持された諸現出は十全的明証性において捉えられるとしても、（まだ把持されていない）原印象的現出は、そのようには捉えられないということになる。

注意しておくと、このような原印象的現出はまったく意識されていないというわけではなく、その意味でフッサールはこれを——無意識ではなく意識の語を用いて——「原意識」とも呼ぶのだが、しかし、原意識はおのれを主題的に客観にしているわけではないし、おのれを十全的明証性において捉えているわけでもない。原意識は学問的に捉えられていない。そして、これを学問的に捉えよう（反省しよう）とすると、それが捉えられないのである。原印象的現出は、把持された現出へと移行してはじめて、反省される。要するに、主題化する反省は、意識の現場を主題的に捉えることができず、それより遅れてしまう。外的知覚と内的知覚（反省）は同時には成立しない。反省は「事後確認」であり、原意識そのものは反省から隠れてしまう。

だが、把持された現出は、十全的明証性において捉えられるのではなかろうか。たしかに、右でそう述べた。しかし、学問的にさらに厳密に分析すると、どうだろう。把持された諸現出は、より以前の現出ほど、より不鮮明になっていく。現出は、より遠いものほど、より不十全的明証的になっていく。これは「直観経過」というものがもたらす宿命である。しかし、そうすると、最も近い現出こそが最も鮮明で最も明証的であり、これこそが真に十全的に明証的であるはずだろう。それは何か。しかし、最も近いのは原印象的現出である。ところが、まさにその原印象的現出が右のように十全的明証性においては捉えられなかった。とすると、このことは、結局、そもそも十全的明証性は不可能だということを意味するだろう。把持された諸現出も、そこに遠さが介在してしまうかぎり、真に十全的に明証的ではありえない。そこには、いつも不十全性が残ってしまう。この不十全性が残ってしまえば、学問的認識も日常生活的認識と大差ないことになる。現象学が「反省」という方法を取るかぎり、結局、こういうことになる。

4、十全的明証性の不可能性と必当然的明証性の可能性

十全的明証性は不可能である。これはフッサールを悩ませた。そこで、フッサールは、

もうひとつ別の明証性によって学問的認識を確立しようとした。それは「必当然的明証性」と呼ばれるものである。これは、アプリオリなものがもつ明証性である。たとえば、「色は広がりをもつ」は、いつでもどこでも明証的に認識される。色が広がりをもたないという事態はありえない（ちなみに、アフォーダンス理論が取り上げる「面色」のような、奥行きのない色は可能だとしても、広がりのない色はありえない）。この場合には色というものの「本質」が問題になっているわけだが、アプリオリな「本質」については、それ以外がありえないということの「必当然的明証性」が成り立つ。そして、フッサールは現象学がアプリオリなものを扱う「本質学」（厳密には超越論的本質学）であることを強調して、この必当然的明証性を見出すことに比重をかけた。

5、原事実の発掘

ところが、最晩年のフッサールは、アプリオリな「本質」さえも、ある最も始原（起源／根源）的な「事実」に依拠するということを認めるようになる。この事実は「原事実」と呼ばれる。

「原事実」も一種の「事実」ではある。それは、「原事実」が、通常の「事実」と同様、必然性をもたないからである。しかし、「原事実」は、次の点で、通常の「事実」とは大きく異なる。通常の「事実」は、それが成立していても成立していなくても、経験そのものがなくなってしまうわけではない。たとえば、パンダの白黒模様があのようになっているというのは「事実」であるが、たとえあの白黒模様が反転しているという「事実」があったとしても、その「事実」によって経験そのものが成り立たなくなってしまうわけではない。通常の「事実」はすべて、経験の枠内で生じるのであって、経験そのものの成立を脅かすわけではない。これに対して、経験そのものの成立を支えるような、そして、これらなしには経験そのものが不可能になるような、特別な（始原的な）「事実」がいくつかあり、これらが「原事実」と呼ばれるのである。

この場合の経験とは、もちろん、直接経験＝志向的体験のことである。アポステリオリな事実はもちろん、アプリオリな本質すらも、この直接経験＝志向的体験から成立する。したがって、この直接経験＝志向的体験そのものを「原事実」が支えているならば、この「原事実」なくしては、アプリオリな本質すらも不可能なのである。この意味で言えば、「原事実」は（経験そのものを可能にするのだから）超越論的な事実だとも言える。

これらは、具体的にはどういう事実だろうか。フッサールは、私が存在する（あるいは経験の中心化が生じている）ということ、流れつつ立ちとどまる現在が生じている（あるいは世界がある安定性をもって開かれている）ということ、そして、他者が存在するということを、「原事実」と認めている。

6、原事実と新たな事実学（形而上学）

初期フッサールは、マッハと同様、反形而上学的な態度を取っていた。それは反カント的・反思弁的という意味での反形而上学だった。しかし、フッサールはこんな言葉も残している。「私も形而上学を求めています。それも、真摯な意味での形而上学を、です」。これは、どういうことだろうか。

この「形而上学」は、じつは、超越論的な事実学を指しているのである。独特な語法であり、しかも、フッサール自身の語法のなかにも二義性があるのだが、しかし、これは、フッサールにとって真摯な意味での形而上学の語法だった。

そもそも、「形而上学」(Metaphysik) という言葉は「メタ」(meta) と「自然（科）学」(Physik) という成分を含んでいる。meta という言葉は「後から」といった意味をもつ。また Physik という言葉は、もともと「自然」(physis) から派生した言葉であり、「自然学」といった意味をもつが、現在では「物理学」を意味する。物理学は典型的な自然科学である。さて、現在の（物理学に代表される）「自然（科）学」は、「事実」を扱う「事実学」である。だが、これは、まだ超越論的現象学によって基礎づけられていない。この自然（科）学が、超越論的現象学（もっと具体的には、質料的な本質を扱うアプリオリな領域存在論）の成立によって「後から」基礎づけられると、「メタ」自然（科）学になる、とフッサールは考えたのである。このメタ自然（科）学が、フッサールの語法における第一義の「形而上学」である。この場合、基礎づける超越論的現象学は、「第一哲学」であり、基礎づけられる自然（科）学／事実学は、「第二哲学」である。

さてしかし、新たに発掘された「原事実」は、通常の「事実」を越えた重みをもっている。こうした原事実を扱う学問が、フッサールの第二義での「形而上学」である。これを晩年のフッサールは構想した。晩年の著作『デカルト的省察』に続編を作って、そこでこの形而上学を扱おうともした。より具体的には「第七デカルト的省察」といったものが構想されていた。つまり、現在の『デカルト的省察』は「第五省察」で終わっているが、それにフィンクが一九三三年に書いた超越論的方法論「第六デカルト的省察」を付け加え、さらに「第七デカルト的省察」がつづいて、ここで形而上学が扱われるといった構想が残されている。この形而上学は、「第一哲学」としての超越論的現象学そのものの最終基盤を扱うわけだから、「第〇哲学」になりそうである。フッサールがそう定義しているわけではないが、理屈上はそうなる。

さてしかし、この形而上学とともに、明証性の考え方も大きく変更されねばならないのではなかろうか。というのも、学問論的には、通常の事実に関わる十全的明証性でもなく、本質に関わる必当然的明証性でもない、原事実に関わる新たな明証性概念が登場せねばならないと想定されるからである。ひょっとすると、このときにハイデガー的な非-隠蔽性としての真理ともいくらか関係するような明証性が見出されたかもしれない。そして、新たな現象学が始原したかもしれない。だが、フッサールはこれを十分に展開できなかった。

いずれにしても、フッサールは一種の対応説的な真理と十全的明証性を出発点にしつつ、その後、必当然的明証性を重視するようになったが、最晩年には、こうした考え方の枠組み全体を変更する可能性にまで直面したのである。こうしたことを示す資料が遺稿として残されており、これが新世代の研究者にさまざまな刺激を与えている。

第四節　カントとの対決

ここで、フッサールとカントとの関係を示しておくのが適当だろう。フッサールの「超越論的現象学」は、カントの「超越論哲学」の影響を受けた哲学だと考えている人が多い。そのように論ずる入門書や研究書もある。しかし、意外かもしれないが、じつのところ、初期フッサールはきわめて強く反カント的だった。フッサール自身、「カントに対しては、私は最も奥深い反感を抱いていたのです。そして、そもそも（私が正しく判断しているならば）カントが私を規定することはまったくありませんでした」とか、「私自身の発展はそもそもカントに敵対的でした……」と述べている。

一種の定説を述べることになってしまうが、カントの「超越論哲学」は、こんなふうに説明されるだろう。すなわち、カント以前の哲学では、（主観的な）認識は（客観的な）対象に従うとみなされていた。ところが、カントは逆に、周知の「コペルニクス的転回」によって、（客観的な）対象のほうが（主観的な）認識に従うとみなした。つまり、（客観的な）対象の認識を可能にする条件は、じつは（主観的な）認識装置に含まれている条件だとみなすのである。

比喩的に言えば、私たちの目は、X線を見ることができず、可視光線だけを捉えることができる。私たちの目は、こうした認識装置である。これと同様に、私たち自身のなかにいくつかの認識装置が備わっていて、それにうまくひっかかるものだけが、認識（経験）されるというわけである。

そこで、認識が二つに区分される。ひとつは、対象を認識するという意味での認識であり、これは「経験的」である。もうひとつは、対象を認識する（主観的な）認識装置そのものを認識するという意味での認識であり、これをカントは「超越論的」と呼んだ。かくして、カントは、その「超越論哲学」において、認識（あるいは経験）を可能にするアプリオリな諸条件を求めるのだが、これは、結局、主観性にアプリオリに備わった認識装置を探すことになる。

では、どんな認識装置が私たちに備わっているのか。カントは、「感性（直観）の形式」、「悟性のカテゴリー」、「超越論的統覚の自我」を見出した。

感性（直観）の形式

カント的に見れば、主観性には「感性（直観）」の形式がアプリオリに備わっている。この形式とは、（無限に均質に広がる）「空間」と、（無限に一直線に流れる）「時間」である。こうした空間や時間は、ユークリッド幾何学やニュートン物理学のそれである。こうしたものが主観性にアプリオリに備わっている、とカントは見たわけである。しかし、フッサールはこの考え方に強く批判的だった。

ひとつ興味深い事実がある。フッサールは、一八九三年秋にベネケという人の著書から抜き書きをしており、しかも、自分がその夏にベネケを読んだときにその重要性を見抜けなかったことを後悔するようなコメントを書いているのである。「きわめて注目すべき論述。私は夏にベネケをノートせずに読んだことが、自分で信じられない」。そして、当該箇所でベネケは次のように書いていて、カントを批判していた。「自然のなかには完全な円も完全な直線も存在しない、と人は反論するだろう。……そうすると、幾何学的構築は他の源泉をもたなければならないということ、すなわち、私たち自身から創造されねばならないということになってしまうだろう」。

右の議論を少し敷衍して述べよう。かつてガリレイは、自然のなかに幾何学図形があるということを述べていた。しかし、よく見れば、自然のなかに完全な幾何学図形などはない（と人は反論するだろう）。そこで逆に、カントは幾何学の起源を「私たち自身」に移した。つまり、カントは、私たち自身にあらかじめ備わった感性（直観）の形式として「空間」を設定しておいて、そこから幾何学を導き出そうとしたのである。しかし、この考え方は一種の心理主義である。これをベネケは批判した。そして、フッサールもこのベネケの批判に同調したのである。現象学は「心理主義的な観念論と最も尖鋭に対立する」からである。

幾何学はなるほど自然のなかに（あらかじめできあがって）存在しているわけではないが、しかし、私たち自身のなかに（あらかじめできあがって）存在しているわけでもない。では、幾何学はどうして可能なのだろうか。フッサール的に見れば、幾何学は、自然と私たち自身のいわば「あいだ」で成立するのである。

フッサールの分析によれば、ユークリッド幾何学やニュートン物理学は、直接経験＝志向的体験から成立する。あるいは、「生活世界」的経験から成立すると言ったほうがわかりやすいかもしれない。生活世界には、なるほど、まだ自然科学的な意味で「客観的な」幾何学的図形はないし、そして、幾何学に対応する「客観的な」空間（や時間）もない。しかし、そこには、いわば先客観的な空間（や時間）がある。ところが、カントはこうした先客観的・生活世界的な空間や時間を知らなかった。そして、ユークリッド幾何学やニュートン物理学の客観的な空間概念や時間概念を前提しておき（他の学問の概念をおのれの前提として持ち込んでおき）、それに対応するような「感性の形式」が主観性にアプリオリに備わっているとみなした。しかし、これは、根源的なものを見落として、派生的なものを前提する「本末転倒」の考え方である。現象学的な「無前提性」に反する考え方である。

フッサールは、こう考えて、根源的な直接経験＝志向的体験に帰ろうとする。この直接経験＝志向的体験においては「直観」が働いているが、このフッサール的な「直観」はカント的な直観（感性）ではない。言い換えれば、ユークリッド・ニュートン的な（あるいは近代自然科学的な）空間や時間に対応するものではない。直接経験＝志向的体験における「直観」は、カント的直観よりもはるかに柔軟ではるかに動的である。

悟性のカテゴリー

カントは、「感性(直観)の形式」と「悟性のカテゴリー」を峻別したうえで、主観性には後者もあらかじめ備わっている、とみなした。これに対して、フッサールは、第一に「直観」と「悟性」を連続的に捉える(言い換えれば、峻別された「直観」と「悟性」は認めない)。そして、第二に、直観の「形式」(空間と時間)と悟性の「カテゴリー」がともに直接経験=志向的体験から成立すると見る。

まず、第一の側面である。フッサールにとって、すべての基礎は直接経験=志向的体験である。そして、これは「直観」に与えられる。しかし、この直観は、感性的・感覚的なものに限定されたカント的な直観とは異なる。それどころか、フッサールは、直観の一種として「カテゴリー的直観」というものを認める。

カテゴリーという言葉は、「カテゴレイン」というギリシャ語に由来するが、これはもともと言語的に「述定する」とか「述語をつける」といった意味をもつ。カントのカテゴリーももちろんこの意味をもつが、カントでは、それは悟性のみがもつ成分である。それゆえ、カントでは、直観は、述定された事態を捉えることはできないことになる。

ところが、フッサールのカテゴリー的直観は、直観でありながら、述定的・構文的な構造をもった「事態」を捉える。たとえば、「白い花」は「対象」だが、「この花は白い」は「事態」である。フッサールは、前者の「対象」のみならず、後者の「事態」も直観されるとみなすのである。フッサールによれば、こうした直観が直接経験=志向的体験の次元で働いている。かくして、フッサールの直観は、カントのように悟性とは峻別されない。

さらに、第二の側面について言えば、カント的なカテゴリーは純粋論理学（形式論理学）に対応する。しかし、こうしたものは、フッサール的に見れば、主観性にあらかじめ備わっているのではなく、直接経験=志向的体験から抽出されてくる。これがどのようにして抽出されてくるのかを示すのが現象学（超越論的論理学）の仕事であるが、これについては後述しよう。

超越論的統覚の自我

カント的に見れば、主観性には「超越論的統覚の自我」もアプリオリに備わっている。これは、多種多様な表象を統一するものである。これがなければ、多種多様な表象は統一されない。たとえば、昨日の表象と今日の表象が統一されなければ、昨日の表象は自分の表象ではない、といったことになってしまうだろう。あるいは、多種多様な表象に対応して、多種多様な自己が成立してしまうということにもなるだろう。カントは、「そうでなければ、私は、私が意識している諸表象をもつのと同じだけの、多種多様な自己をもつことになってしまうだろう……」と言う。こうしたことが起こらないようにしているのが、超越論的統覚の自我である。

さて、この自我については、フッサールの態度は微妙だった。思い出していただきたいが、マッハ的光景には鼻や手足や胴体は描かれていたが、自我は描かれていなかった（そもそも自我はどう描けるのだろうか）。マッハの思想は、哲学史的に見ると経験論の系譜に属するが、経験論の系譜では、たとえばヒュームが自我を「知覚の束」にすぎないとみなしたように、自我は否定されるか、あるいはごく軽い役割しか負わされていない。これは、デカルトが（「我思う、ゆえに、我あり」と述べて）自我を哲学の原理にしたのと対照的である。カントの自我は、デカルトのような「実体」ではないが、それでも、統一原理として重要な役割を負わされているという点では、デカルト的思想の嫡子だとも言えるだろう。

マッハに代表されるウィーンの経験論的思想風土のもとで育ったフッサールは、当初、カント的な自我に批判的だった。あるいは、新カント学派（たとえばP・ナトルプ）的な自我にも批判的だった。

ところが、後にフッサールはカント的自我に近い「超越論的自我」を認めるようになる。この変化は何に起因しているのだろうか。ナトルプ（一八五四～一九二四年）からの示唆を重視する説もあった。それはそれで無関係ではなかっただろう。しかし、両者の自我の考え方にはいくらか差異がある。また、フッサールとナトルプは多くの書簡を交わしているが、この時期までの書簡の哲学的内容には、論理学に関わる議論が多く、自我についての議論（議論と呼べるような議論）はない。

別の説では、これよりももっと重要な事件があったようである。フッサールは、一九〇五年の夏に滞在したゼーフェルトで、プフェンダーと議論を交わした。このとき、フッサールは、昨日の対象と今日の対象を同一の対象だと見ることはどのようにして可能なのか、といった質問（カント的な質問だと言えるだろう）をプフェンダーから受けた。これは、フッサールに深刻な反省を強いたようである。そこでの草稿には「苦境　ダウベルトとプフェンダー」と記されているほどである（ダウベルトもプフェンダーとともにフッサールを訪ねた）。そして、この問題を考えていくうちに、フッサールは、時間的に遠く隔たった直接経験＝志向的体験を統一する働き（同一化機能・中心化機能）が必要だと考えるに至ったようである。これがないと、（長い時間を経た）認識や経験が不可能になる。これは、認識や経験の可能性の条件である。

そこで、同一化機能・中心化機能として「自我」が登場する。自我は——実体などではなく——あくまでもこの機能である。「この場合、『自我』は、私の生の、私の意識の、固有の中心化を言い表わしている」。そして、この自我は、志向的体験の働きの延長線上で捉えられている。つまり、すでにこれ以前にフッサールは、志向的体験それ自身が同一化機能・中心化機能をもっていることを認めていた。しかし、志向的体験のいわば守備範囲は、把持および予持の志向性が及ぶところまでである。とすると、ひとつの志向的体験はそれ自身の機能によって中心化されるとしても、時間的に互いに遠く隔たったすべての志向的体験を中心化する機能が新たに認められねばならなくなる。こうした事情から、「体験の概念は……『現象学的自我』の概念へと拡大された」。そして、この「現象学的自我」が、カントを連想させる用語で「超越論的自我」とも呼ばれることになった。

フッサールが「超越論的」という言葉を使うようになるのは、一九〇八年頃からである。もちろん、すでに述べたように、フッサールにとって「超越論的」は、超越＝存在に深く関わっていることを忘れてはならない。しかし、それを「存在論的」と呼ばずに、カント的に「超越論的」と呼んだ背景には、やはり一九〇五年の右のような経緯があったのだろう。そして、これ以後、「超越論的」は、広く、経験を可能にする諸条件（経験の可能性の条件）すべてに関わることになる。

フッサールは、最初期に自身が反カント的であったことを述べていたが、右の時期以後、カントに接近する。そして、先の引用につづけてこうも述べている。「しかしながら、今では、カントは私にとっても偉大な人物であり、そしてその格においてもヒュームを凌駕しています」。このフッサールの言葉は右の経緯から生き生きと理解されるだろう。

それでは、フッサールはカントに全面的に賛成したのだろうか。そんなことはない。直接経験＝志向的体験こそが基礎だという考え方は、フッサールの生涯にわたって変わらない。この考え方は自我についても当てはまる。つまり、カントが主観性にアプリオリに備わっているとみなした自我も、フッサールでは、やはり直接経験＝志向的体験から生じてくるのである。

カントは――命題の「分析」と対比される意味での「綜合」を拡張して――感性・悟性・自我による認識の「綜合」を論じたが、しかし、フッサールにとって、カント的な感性・悟性・自我といったもののすべてが、直接経験における先行段階から形成されてくる。それゆえ、フッサールにとって、カント的な綜合は、最大限に譲っても、完成された高次段階の綜合にすぎない。そして、これは、じつは、受動的な段階を隠しもっている。ところが、カントはこの受動的な段階を見落としている。この受動的な段階で起きている綜合を、フッサールは「受動的綜合」とも呼ぶ。フッサールの発生的現象学は、すべて受動的綜合の分析だと言ってもよい。これについては、後に、さらに詳しく見ることにしよう。

ちなみに、ハイデガーが『カントと形而上学の問題』において、フッサールとは違った仕方で（とりわけカントの「構想力」を感性と悟性の共通の根とみなしつつ）カントを読んで、カント哲学のなかにも一種の受動的綜合（そして自我そのものの受動的構成）があることを示そうとしたことは興味深い。これは、カントを敵視せず現象学に引き込んで解釈すれば、ある意味で必然的に出てくる読み方だとも言える。ただし、フッサールにとっては、構想力＝想像力は派生的であり、根源的ではないので、フッサール自身はこうしたハイデガー的読み方を拒否し、批判している。

第二章 直接経験とは何か

フッサールは、純粋論理学的なものの形式主義的な扱い（形式論理学）から、それの純粋に現象学的な扱いへと進んだ。この後者の試みは、形式論理学に対比されて「超越論的論理学」とも呼ばれるが、これこそが現象学のいわば中核部分であり、また内容的には、直接経験の現象学とでも言うべきものである。これについて順に見ていこう。

第一節　志向性と指示関係

フッサールは、「論理学」（Logik）の「下」（unter）にある直接経験を「探求」（suchen）し、ここから論理学を基礎づける試みを開始した。その最初の成果が、『論理学研究』（Logische Untersuchungen）である。

狭義の論理学においては、たとえば「この机は木製である」のように、「主語」（この机）と「述語規定」（木製）と「存在」（ある）を備えた構文が基本になる。主語をS、術語規定をpで表わして、一般化すれば、「Sはpである」という形になる。これを基本にして、「Sはpでない」や「Sはpでありうる」などのさまざまな構文形式が生じる。フッサールはこれらを直接経験から基礎づけようとするのである。どのようにしてそれは基礎づけられるのだろうか。一歩一歩進まねばならない。

「意味する」ということ

まず、論理学における主役は言葉や言語である。「意味」をもつ言葉や言語（記号）は「表現」と呼ばれる。たとえば「アブラカダブラ」という言葉はそもそも「意味」をもたないから、「表現」ではない。しかし、「犬」という言葉（さしあたり音声記号あるいは文字記号）は、「犬」という「意味」をもつ。「音声記号／文字記号」と「意味」が紛らわしいならば、「ドッグ」という言葉は「犬」という「意味」をもつと言い換えてもよい。ともかくも「音声記号／文字記号」と「意味」は異なるということがわかれば、さしあたり十分である。別々の「音声記号／文字記号」が同じ「意味」をもつこともあれば、逆に、単一の「音声記号／文字記号」が別々の「意味」をもつこともある。しかも、「意味」は、ポチやシロと呼ばれるような個々の「対象」ではなく、「犬というもの」と表記したほうがよいような、一般的・普遍的・理念的なものである。「意味」と「対象」も異なるのである。

このような「意味をもつ」ということは、「意味する」とか「意味を指し示す」と言い換えられる。したがって、表現は意味をもつ＝意味する＝意味を指し示す、と言える。

「名指す」ということ

「宵の明星」という表現は「意味」をもつ。その「意味」は、いささか冗長に言い換えれば「夕方の空に輝く明るい星」といったものだろう。「明けの明星」も同様に「意味」をもち、それは「朝方の空に輝く明るい星」といったものだろう。この両者の「意味」は、「夕方の……」と「朝方の……」だから、明らかに異なっている。しかしながら、両者は同じ「対象」(金星)を指し示している。「イエナの勝者」と「ワーテルローの敗者」の場合も同様であり、両者は同じ「対象」(ナポレオン)を指し示している。このような関係をフッサールは「名指す」と言う。「名指す」とは、「対象を指し示す」ということである。

多くの場合、表現は、その「意味」を突破して(媒介にして)「対象」を指し示す。「イエナの勝者」と「ワーテルローの敗者」という表現は、その「意味」を突破して(媒介にして)ナポレオンという「対象」を指し示す。このナポレオンという「対象」は実在的な対象だが、「対象」が理念的な対象や、空想対象のような中立的な対象であっても、同様である。

表現のなかには、「意味」は指し示すが、「対象」を指し示さないものもある。だが、ここでは、「意味」を突破して(媒介にして)「対象」を指し示す表現が重要である。

表現と直接経験

ここで思い出されるのではなかろうか。これと同型の関係をフッサールはすでに最初期に直接経験＝志向的体験において見出していた。諸現出の感覚を突破して（媒介にして）現出者を知覚する、という関係である。このとき、現出は「『記号』」とも呼ばれていた。言語は典型的な記号であるが、しかし、「『記号』」は、言語以前にすでに直接経験においてまさになじみのものだったのである。言い換えれば、直接経験においてすでに現出（記号）の感覚と現出者の知覚という関係がなじみのものであるからこそ、私たちは、論理学においても言語（記号）と対象との関係を理解することができるのである。言語記号の基礎は、直接経験にある。

しかし、フッサールは、直接経験における現出をわざわざ（言語的な「記号」との微妙な差異を際立たせるために）括弧付きで「『記号』」と表記していた（現出はいわば原記号である）。とすれば、言語がもつ「意味」に対して、直接経験における現出がもつ意味も、やはり括弧付きで「『意味』」とでも表記したほうがよさそうである。この「『意味』」に相当するものをフッサールは一九一三年の『純粋現象学と現象学的哲学のための諸構想』第一巻（これは通常『イデーンI』と略記される）で「ノエマ的意味」というように術語化する。

さて、ここで「ノエマ」という概念が登場するが、これは、諸現出と現出者との関係が理解されていれば、それほど難解な概念ではない。これは、要するに、諸現出と一体的に捉えられたかぎりでの現出者のことである。したがって、これは、あの二義性をもった「現象」とほとんど重なる。これについて以下で詳しく見ておこう。

第二節　ノエマの意味と基体

ノエマは、現象学的還元をほぼ確立して以後のフッサールの主著である『イデーンI』の中心概念のひとつである。目の前にあるサイコロを例に取ろう。まず、サイコロが「そこに存在している」と私たちは思っている。しかし、「そこに存在している」とみなすと、私たちの認識を(外部から・心理学的に)説明したくなってしまう。そこで、そうした思いにストップをかけて、マッハ的な光景にそれを引き戻さねばならない。この操作が超越論的還元であった。ノエマを理解するためには、まずこの操作が必要である。

マッハ的光景のなかでサイコロを見てみよう。たとえば、五の目の面が正面に見えている。少し右に首を動かすと、三の目の面が見える。さらに右に首を動かすと、(期待したとおり）二の目の面が見えてくる。
五の目の面や、三の目の面や、二の目の面などは、これまで「現出」と呼ばれていたが、『イデーンI』では「射影」とも呼ばれる。こうした現出／射影は（直接経験における）「ノエマ的意味」を含んでいる。

ここで重要なのは、もろもろのノエマ的意味がバラバラになっていないということである。それらは、ひとつの「基体」に収斂している。だからこそ、それは、ひとつのサイコロ（対象／現出者）の多様な意味（あるいは現出）とみなされるのである。サイコロは、もろもろのノエマ的意味とひとつの基体から成り立っている。

さて、この基体そのものは、ノエマ的意味から独立に見えるわけではない。もろもろのノエマ的意味がそこに収斂するところのものが基体そのものであるが、これは、あくまでもろもろのノエマ的意味と不可分である。基体そのものは、裸の現出者ではない。というより、現出をまったくまとわない裸の現出者といったものはないし、ノエマ的意味をまったくまとわない裸の基体といったものもない。これがノエマの構造である。つまり、ノエマは、もろもろのノエマ的意味がひとつの基体に収斂しているという一体的構造、あるいは逆に言えば、ひとつの基体がもろもろのノエマ的意味をまとっているという一体的構造をもつ。現出者と諸現出は、じつは、こうした不可分な構造体を表わしていた。

さて、そうすると、ノエマは全体として意味である、と言っても大過ないことになる。しかし、このことを認めたうえで、あえて、この現出者からもろもろのノエマ的意味をすべて剝がしてしまおう。そうすると、それらが収斂する（形式的な）極のようなものが、抽象的に残る。このような操作を受けてはじめて、基体が基体として（抽象的に）分離されてくる。これはまた、ノエマ的意味を剝ぎ取られているのだから、それ自体はノエマ的意味をもたないことになる。あるいは、「何」の規定（質料的成分）をもたないことになる。だから、これは「x」とも呼ばれる。基体は、純粋に抽象的にあるいは純粋に形式的に捉えられた現出者（x）である。

サイコロの場合には、もろもろのノエマ的意味は互いによく似ており、あるいは互いによく調和しており、それらがひとつの基体に収斂している。しかし、いつもそうだとはかぎらない。たとえば、双子の兄弟の場合には、互いによく似たノエマ的意味が、二つ（二人）の基体に割り振られる。もしそれが三つ子だと判明したら、ノエマ的意味は、今度は三つ（三人）に割り振られることになる。この場合、私たちは、超越論的還元以前の段階では、そもそも三つの個体が（表象の外部に）「存在している」から、私たちはそれらを三つの個体として認識すると考えてしまう。しかしながら、そうした「存在措定」を今はストップしている。そして、それを超越論的に還元された光景のなかで分析している。すると、三つの個体の「存在」は、むしろ、還元された光景のなかでよく似たノエマ的意味が三つの個体に割り振られ、かつ、それらに存在措定が加えられてはじめて構成される、ということが判明する。

ひとつのノエマは、もろもろのノエマ的意味が（ひとつの）基体に収斂させられることによって、構成されている。あるいは、二つ以上のノエマについても同様である。この構成を遂行しているのは、直接経験＝志向的体験の働きであり、意識の（能動的および受動的な）働きである。この意識の働き（志向性）は、ノエマと対比されるときには、ノエシスと呼ばれる。ノエシスとノエマはいつも必ず一体である。ノエシスのないノエマとか、ノエマのないノエシスなどは、ない。

基体の抽出

さて、最も基本的な直接経験＝志向的体験は、知覚的な直観である。これをもとにして、意識の働きは、そこから能動的に成分を抽出（抽象）することができる。これによってノエマから抽出されてくるのが、カテゴリー的（述定的）成分である。まずもって、「数」と「意味」という成分の抽出について述べよう。

第一に、もろもろの現出がそこに収斂する基体が、純粋に「形式」として抽出されると、「一」が成立する。これは、言語的レベルでは、不定冠詞（英語のaやドイツ語のein）となって現われてくるだろう。さらに、ひとつの現出者ともうひとつの現出者を、それぞれの事象内容（「何」）をどうでもよいものとして無視しつつ、それぞれが「一」であることだけに注目しつつ、「と」によって結合することができる。これによって新たに構成されるのが、「二」という数である。これは、ひとまとまりの概念であり、一種の集合である（フッサールは「総体概念」と呼ぶ）。さらに、これに新たな「一」を結合すれば、「三」が成立する。

「数」は、あくまでも基体だけを抽出することによって得られる。たとえば「一個の石」と「一匹の猫」と「一人の人間」の場合に、それぞれの基体だけを「一」として抽出して、その「一」と「一」と「一」を結合すれば「三」という集合としての数が得られるが、「石」と「猫」と「人間」という事象内容をもった意味を結合しても（意味の複合体にはなるだろうが）数にはならない。事象内容をもった意味が無視されてこそ、数が可能になる。

かくして、基体から「一」を抽出したうえで、それを集めつつ結合するということが、（「二」以後の）数を構成する。ただし、直観的に構成される数は、「一二」までだとフッサールは言う。それ以後は、たとえば「一〇」をひとつの記号として、これをさらに集めつつ結合するといった仕方で、もっと大きな数（「二〇」……）が構成される。

では、このようにしてもなお構成されないような巨大な（無限に増大する）数は、どうだろう。これを構成するのが、「理念化」である。理念化とは、直観の射程を越えたものを構成する思考的な意識の働きである。

また、「0」はどうだろう。じつのところあまり明確ではないのだが、フッサールは、これを（後述する）「ない」の経験にもとづくと考えていたようである。「(いくつか) ある」と期待されていたのに「ない」何かは、ドイツ語では「0個の」を意味する不定冠詞“kein”（英語だとやはり不定冠詞の“no”にあたる）をもって表示されるが、これから「0」は抽出されそうである。

「負の数」や「虚数」については、フッサールは、右のように数（正の数）が構成された後に、数記号を操作することによって形成される、と考えていたようである。

かくして、より根源的な数と、より派生的な数があることになる。後者は、直観だけでは形成されない。思考的な作用が必要である。したがって、その基礎という点から見ると、すべての数が平等だというわけではない。

数は、このようにして構成される。しかし、その基礎ということについて言えば、数はやはり直観的な基礎をもち、そこから抽出され、さらにそれらが集められて結合されることによって成立するのである。しかし、このことは、(先にウラニウムの抽出に準《なぞら》えて述べたように)数がそれ自体でアプリオリな法則性をもつことを妨げない。この法則に従って、算術そして数学(代数)が樹立される。ここから、形式存在論も可能になるのである(さらに、これをモデルにして形式命題論も可能になる)。

さらに話が膨らむが、数学は、物理学にも応用可能である。なぜだろうか。それは、物理学的な「物」も、やはり直接経験のなかに基礎をもつからである。フッサールは「物理学的な物は、しかし、感性的な‐生身のありありとした有様をもった現出者と疎遠なものではなく、むしろ、この現出者のなかで、しかも、アプリオリに(廃棄できない本質的理由にもとづいて)ただこの現出者のなかでのみ、原本的におのれを告げ知らせるものなのである」と述べている。要するに、数学的な数と物理学的な物は、同じ根から派生したもの、基本的に同じものだからこそ、前者を後者に応用できるのである。

かつてガリレイは、数や幾何学は自然のなかにあらかじめできあがって備わっているとみなした。他方、カントは、それらが自然のなかにあることを否定して、むしろ、それらは主観性の認識装置のなかにあらかじめ備わっているとみなした。しかし、フッサールは、それらは直接経験=志向的体験から抽出されてくるとみなすのである。フッサールは、ガリレイとカントの「あいだ」に位置するとも言えるだろう。

フレーゲとフッサールの関係はどうだろう。フレーゲ的な論理主義は、意味や思想（たとえばピタゴラスの定理）と呼ばれるものを、物の外的世界とも表象の内的世界とも異なった第三領分で確保しようとした。プロレゴーメナ以後のフッサールは、数や意味がアプリオリであることを認め、そのかぎりで、心理主義を批判し、フレーゲ的な論理主義に接近するが、しかし、アプリオリなものが直接経験からいかにして抽出されてくるのかを示そうとするのである（そのかぎりで、『算術の哲学』の考え方は守られている）。フッサールはフレーゲの「下」に帰ろうとする。数や意味の下にある始原（起源／根源）の探求こそが、フッサールの本意である。そして、これは最初期から一貫したフッサールの方向性だった。フッサールは言う。「ほんとうのところ、私の道はすでに『算術の哲学』によってあらかじめ下書きされていたのであり、私はさらに進むということしかできませんでした」。

コーヒーブレイク 日本語の数詞と助数詞

数に関して日本語の場合はどうだろう。これについては、フッサールは考えていないが、私たちなりに（「自分自身で考える人」として）考えてみよう。日本語では、西洋語の不定冠詞に対応するものは、「一個の」とか「一匹の」とか「一人の」といったように、たいてい、純粋に「一」(数詞)だけでは登場せず、「個」や「匹」や「人」といった事象内容をもった成分(助数詞)とともに登場する。これは、日本語では、「形式」が純粋に抽出されておらず、質料的な事象内容とくっついているということを意味するだろう。逆に、西洋語では、「形式」が純粋に抽出されているように思われる。

日本語では形式(数詞)がなお質料的な事象内容(助数詞)と結びついているということから、こんな面白い事例が生じる。日本語では、野球のヒットも「一本」と数えられる。ヒットのような抽象的なものに「本」を使うのは、いささか不思議である。「本」は、元来、長い(という事象内容をもった)ものを数えるときに使われる助数詞である。野球のヒットは、(本で数える)長いもの=バットから生みだされたから、その事象内容の連想によって「一本」と呼ばれるのではなかろうか。

野球以前に、古武道の剣道でも(勝敗を決めるときに)「一本」が使われる。これは、本で数える竹刀からの事象内容の連想であろう。柔道の「一本」は、どうだろう。これは、おそらく剣道の「一本」が、さらに連想的に転用されたのではなかろうか。

またある意味ではもっと素朴な例になるが、日本語では助数詞どころか、事象内容をもたないはずの「四」や「九」といった数詞そのものに(語音の連想まで動員して)「死」や「苦」という事象内容をもった意味を結びつけることもある。

こんなわけで、日本語は、最後まで事象内容を持ちつづけ、しかも、連想的にどんどん横につながっていく傾向をもった言語だと考えられそうである。

しかしまた、西洋語でも、たとえば"nobody"や"nothing"などという表現はわずかながら事象内容を残しているようにも思える。これらは「数」としては等しく「0」を表わすが、しかし、前者は「人間」、後者は「物」に用いられる。両者は、いくらか事象内容の区別に従っているのだから、まったく「形式的」ではないのである。とすれば、西洋語と日本語の違いも「程度差」にすぎず、原則的には同じなのかもしれない。「自分自身で考える人」としてのあなたの見解はどうだろうか。

意味の抽出

基体を抽出されたノエマには、別の成分が残っている。ノエマ的意味そのものである。これは、ノエマの「何」を規定する、事象内容をもった質料的成分である。サイコロのノエマで言えば、たとえば「白い」とか「立方体」などという意味がそうである。これらは、意味であるかぎり、理念的・普遍的である(「白い」や「立方体」という意味は、他のサイコロも、そしてサイコロ以外のものも、持つことができる)。ここから抽出されて、言語的レベルの述語規定pが可能になることは、もはや言うまでもないだろう。

さて、「白い」という意味は、サイコロがサイコロであるために必要不可欠というわけではないだろう。これに対して「立方体」のほうは、サイコロに必要不可欠だろう。このような、当のものにとって必要不可欠な意味は、「本質」と呼ばれる。私たちは、ものの意味（そして本質を）直観している。フッサールはこの直観を「本質直観」などとも呼ぶ。本質直観という言葉は、なにか深遠な（ごく一部の哲学者？にしか備わっていない）能力のように思われてしまうかもしれないが、そうではない。ものの本質はごくふつうに（視覚であれば）見られている。

本質は、種から類へと上昇する。これについてはすでに述べた。たとえば「秋田犬」は、最低の種（スペチエス）であり、その上の類として「犬」があり、さらに「哺乳類」を経て、「生命的自然」という最高類にまで上昇する。最高類が「領域」であり、領域は三つある（「物質的自然」「生命的自然」「精神世界」）。ここから領域存在論が基礎づけられる。

このように、質料的な事象内容をもった本質は、種と類の構造をもつ。種から類へ移行することは、「類化」と呼ばれる。類化は、あくまでも、ひとつの領域のなかでの（この領域を越えることのない）上昇である。類化は、事象内容をもった本質に関わるが、これに対して、「形式化」(数の抽出)は、事象内容をもたない本質に関わる。この点で両者は区別される。

さて、ノエマから「形式」として「数」が抽出され、「質料」として「意味」が抽出されるわけだが、これらはノエマの「時間位置」とは独立の成分である。それゆえ、これらは、時間位置から切り離されることができる。この時間位置の喪失が、じつは、アプリオリということなのである。アプリオリであるということは、時間位置をもたないということである。かくして、時間位置から切り離された成分が、数および意味というアプリオリなものとして抽出される。

形相的還元

ここで、「形相的還元」という現象学の方法について述べておきたい。形相というのは、事象内容をもった本質のことである。たとえば秋田犬のポチを見たとしよう。つぎに、セントバーナード犬のジョンを見て、さらにチワワ犬のチビを見る。これらは、それぞれ色や大きさが違う(それぞれの意味をもっている)。しかし、そうした色や大きさの違いは、犬というものの本質には影響しない。そうした意味は、犬というものの必要不可欠な成分ではない。

このように、犬というものの本質を知るためには、たくさんの犬を見て、それらの意味から必要不可欠な共通成分を抽出しなければならないだろう。しかし、数少ない知覚経験のなかでは、それはなかなかむずかしい。そこで、「空想」を発動してみる。さまざまな犬を空想してみて、それらの意味を比較しながら、犬というものの共通本質を抽出することができるだろう。このように、ある事象内容をもった個体（この場合はポチ）から出発して、空想的な「自由変更」をつうじて、それの「形相」（事象内容をもった本質）を抽出する作業が、形相的還元である。この方法によって現象学は本質学となる（この形相的還元と先述の超越論的還元をあわせて「現象学的還元」と呼ぶことが多い）。

形相的還元には空想が用いられている。空想を用いると言うと、これは「学問」なのか、「フィクション」ではないのか、という疑念が生まれそうである。しかし、「形相」は「意味」のなかに含まれている。意味は理念的存在をもつ。そして、理念的存在をもったもの（あるいは、時間位置をもたないため理念的存在しかもたないもの）は、客観的時間のなかにも、疑似時間のなかにも現われることができる。言い換えれば、知覚のなかにも、空想のなかにも、同じものとして現われることができる。だから、形相的還元は、それがあくまでも形相のみを問題にするかぎり、知覚の代わりに空想を用いてもよいのである。意外かもしれないが、このかぎりでは、本質学としての学問と空想は矛盾しない。

コーヒーブレイク

日本語の領域と越境

アリストテレス以来、種・類の段階的区別が認められてきた。ヒエラルキー型の（ある意味では差別的な）分類である。生物学の分類などは、この区別を墨守している典型例であろう。

ところで、日本語では、「個」で数えるもの、「匹」で数えるもの、「人」で数えるもの……のように、助数詞による分類がある。これは、どういう分類だろうか。これについても、私たちなりに考えてみよう。

これは、明らかに事象内容をもった成分に関わっている。とすると、この分類は、フッサール的・西洋的な「物質的自然」、「生命的自然」、「精神世界」の領域的分類に対応するのだろうか。つまり、「個」は「物質的自然」に、「匹」は「生命的自然」に、「人」は「精神世界」に対応する、といったようにである。このように見ると、日本語の助数詞は、西洋的な「領域」の代替物のように思われるかもしれない。

しかしながら、日本語には、先に見た「一本」の例のような顕著な特徴がある。これは、長いものから出発して、野球のヒットにまで拡張されてしまう。この場合、長いものと野球のヒットとのあいだにもともと種・類のような縦方向の関係があるとは言えないだろう。むしろ、この場合には、一種の連想によって、「本」で数えられるものの独自な「領域」（西洋的な領域とは異なった領域）が新たに形成されているように思われる。

日本語の数詞（「一」など）は助数詞（「本」など）と一体化しており、しかも、後者は事象内容をもった意味を含んでいるために、この意味に即した連想を引き起こしやすいのかもしれない。そして、この連想が、西洋的な「類」を越境したり、「領域」を越境したりすることも、しばしばある。それが、新たな「類」や「領域」を（アポステリオリに？）形成してしまうこともある。たとえば、哺乳類の「ウサギ」が鳥類のように「一羽」と数えられるのは、「類」を越境した例なのか、新たな「類」を作った例なのか。四本足の動物を食べない宗教でも、「羽」で数えるものは、食べられるものの「類」に属することになる。日本語は、このような越境・形成の能力が強いという意味で、かなり動的な言語かもしれない。あなたの考えはどうだろう。

しかし、この西洋語と日本語の差異も、基本的には「程度差」であろう。西洋で動的な性格が強く現われているのは、たとえば、ドゥルーズ的な「リゾーム」の概念かもしれない。

第三節　ノエマの時間性・空間性

目の前にサイコロがある。〈目の前に〉とは、より正確には「今・ここに」ということである。「今・ここに」は、時間位置・空間位置を示している。知覚的なノエマは、こうした時間位置・空間位置をもっている。この時間位置・空間位置は、「数」や「意味」のような普遍的なものに対して、「個体」を可能にする直接経験＝志向的体験の成分である。これはどういうことだろうか。

数や意味は、それ自体としては時間位置・空間位置をもたない。たとえば最低種（スペチエス）である「秋田犬」ですらも、なお普遍的である。これによっては、個体は決まらない。

さて、きわめて似たもろもろのノエマ的意味が与えられたとしよう。それらは、ふつう、同一の基体に収斂させられる。そうして同一のノエマが構成される。これで個体が決まりそうに思われるだろう。しかし、それらが分離した時間位置において与えられたならば、どうだろう。たとえば、わが家のポチと忠犬ハチ公のノエマ的意味はきわめてよく似ているが、しかし、その時間位置は分離している。この場合には、似たノエマ的意味でも、二つの基体に収斂させられ、この両者は別々の個体とみなされる。

ではさらに、同一の時間位置において、それらのノエマ的意味が別々の空間位置をもっていたら、どうだろう。たとえば今日の午前七時ちょうどに、よく似た（極端な場合には同じ）ノエマ的意味が、「あそこ」と「ここ」に見えていたら、どうだろう。この場合にも、それらは、同一の基体には収斂させられず、二つの基体に収斂させられ、この両者は別々の個体とみなされる（双子の場合など）。かくして、個体を決めるのは、時間位置・空間位置なのである。

コーヒーブレイク 名探偵の個体論

わかりにくいだろうか。たとえば、銀行の防犯カメラに強盗犯の姿が映っていたとしよう。その強盗犯の姿とよく似た姿をもった被疑者がいる（ノエマ的意味がよく似ている）。よく似たノエマ的意味は、たいてい同一の基体に収斂させられる。そこで、警察官は被疑者と強盗犯は同一人物だ（両者は同一の基体をもつ同一の個体だ）と主張する。ところが、被疑者は、自分は強盗犯と同一人物（同一の個体）ではない、と言う。名探偵のあなたは、被疑者の言うことを信じて、それを証明しようとする。だが、この場合、被疑者が強盗犯でないことを判別するのに、その姿（ノエマ的意味）は、強盗犯とよく似ているため、役に立たない。こういうときに、アリバイが用いられる。つまり、もし同一の時間位置において被疑者が、強盗犯とは別の空間位置（別の場所）に位置づけられるならば、被疑者と強盗犯は、それらのノエマ的意味がどれほど似ていても、別々の個体だと認められるのである。とすれば、結局のところ、個体を決めるのは、ノエマ的意味ではなく、時間位置・空間位置だということになる。

ノエマの成分である数や意味は、理念的（普遍的）であり、それら自体では個体でないので、それらによって個体を決めることはできないが、ノエマ（個体とみなされるノエマ）には、時間位置・空間位置という成分も含まれており、この成分こそがノエマの個体性を規定しているのである。

時間位置・空間位置の抽出

ノエマの時間位置・空間位置は、言語的レベルに抽出されると、「これ」や「この」あるいは「あれ」や「あの」といった言葉として登場する。こういった言葉は、時間位置・空間位置のみを示す言葉（指標詞）である（フッサールは「偶因的な表現」と呼ぶ）。

さらに、もっと大きな区別もある。たとえば、知覚的ノエマと想起的ノエマを比較すると明らかになるが、知覚的ノエマの時間位置は「現在」であり、想起的ノエマの時間位置は「過去」である。この二つの時間位置は、言語的次元に抽出されると、「今」と「かつて」といった言葉として登場する。

だが、細かく見ると、これだけではない。時間位置はまた（動詞において）現在形や過去形などとしても登場してくる。ただし、この動詞の時制（時間性）の問題は、論理学的には、とりわけ「ある」＝「存在」の問題と絡む。それゆえ、この「ある」＝「存在」の問題を考察せねばならない。

第四節　ノエマの存在

ふたたび、目の前にあるサイコロに戻ろう。ただし、ここでは、「ある」が問題である。ノエマには、知覚的ノエマや想起的ノエマや予期的ノエマ、そして想像的ノエマといったものがある。これらの場合には、直接経験においてなんらかの「ある」が含まれており、これが抽出されることによって、言語的レベルでの「ある」が可能になるということは、すでに十分に見通しがつくだろう。

そこで、直接経験を分析しよう。知覚的ノエマ、想起的ノエマ、予期的ノエマは、基本的に同じ「時間」に属するが、しかし、それぞれの「時間位置」が異なっている。これに対して、想像的ノエマの場合には、そもそも属する「時間」そのものが異なっている。「時間」そのものが違うというのは、わかりにくいかもしれない。たとえば「ジョン・レノン」と「紫式部」という二つのノエマを取り上げよう。この二人は、どちらが早く生まれただろうか。これを決めるためには、両者はそもそも同じ「時間」に属していなければならない。そして、両者は同じ「時間」に属しているから、どちらが早く生まれたか（その時間位置）を決定できる。この同じ「時間」をフッサールは「客観的時間」とも呼ぶ。客観的時間は、たったひとつ（一本？）だけ認められる。この客観的時間のなかの「ある時間位置」から「別の時間位置」までの間隔をノエマが継続的に埋めている（充実している）ときには、それは「実在的」という「存在」を認められる。両者は、その時間位置は離れていても、「実在的」という点では同じである。

では、「紫式部」と、典型的な想像的ノエマ（厳密には空想的ノエマ）としての「白雪姫」では、どちらが早く生まれたのだろうか。しかし、白雪姫の属する時間は、客観的時間ではない。その時間をフッサールは「疑似時間」と呼ぶ。白雪姫のノエマは、この疑似時間のなかではある時間位置から別の時間位置までの間隔を継続的に埋めている（充実している）が、しかし、その疑似時間そのものが（ただ一本の）客観的時間のなかに組み込まれていない。それは、いわば浮遊している時間断片である。この時間断片そのものが浮遊しているから、白雪姫の時間位置は、ジョン・レノンや紫式部が属する時間の尺度では決められない。同様に、それぞれ浮遊した別々の疑似時間に属する「白雪姫」と「かぐや姫」の誕生日も、やはり比較できない。

では、疑似時間のなかにその持続間隔をもつノエマは、「存在」をもたないのだろうか。フッサールも一時期はそう考えていた。しかし、後にフッサールは、そうしたノエマも別種の「存在」をもつと考えるようになった。つまり、それは、(「実在的」ではない)「中立的」な「存在」をもつと認められるのである。

ところで、白雪姫のような話は、「昔々(あるところに)……がいた」(es war einmal)という言葉で始まることが多い。この「昔々」(einmal)は、客観的時間のなかの時間位置を表わしているのだろうか。もしそうであれば、この「昔々」を、なんらかの程度の精密さをもって「何年何月何日」といったように特定できるはずである。したがって、「それはいったい(客観的時間のなかの)何年何月何日のことなのか」といった質問が出されうるだろう。ところが、こうした質問をあらかじめ回避してしまうのが、「昔々」という言葉である。それは、じつは客観的時間のなかの時間位置を表わしていないのだが、それにもかかわらず、あたかも客観的時間のなかの時間位置を表わしているかのような振りをして、質問を回避するのである。このことによって、「昔々」は、中立的存在を実在的存在であるかのようにみせかける機能をもつ。

「あるところに」という言葉(これは日本のお伽話《とぎばなし》でよく登場する)も、同様に、客観的空間のなかでの空間位置についての質問を回避する機能をもつが、これについては、もう言うまでもないだろう。いずれにせよ、お伽話も、ある存在論を隠しもっているのである。

さて、数や意味はどうだろうか。これらは、ノエマから抽出された抽象的成分であり、すでに述べたように、それら自体としては最初から時間位置をもたない。とはいえ、これらは時間とまったく無関係だということではない。これらは、客観的時間のなかにも、疑似時間のなかにも、位置をもたずに現われる。これらは、どこにでも現われるという意味で、神出鬼没である。

しかし、これらは「存在」をもたないわけでもない。これらは、「理念的」という「存在」をもつのである。理念的存在とは、時間位置をもたないものがもつ存在である。

実在的存在・中立的存在・理念的存在

「存在」には、(さしあたり)三種類のものがある。すなわち、「実在的存在」(レアリテート)、「中立的存在」(ノイトラリテート)、「理念的存在」(イデアリテート)である。

これを時間との関係で整理して定義すると、以下のようになる。客観的時間のなかで、過去、現在、未来の各時間位置に位置づけられるものは、実在的存在をもつ。疑似時間のなかで、過去、現在、未来の各時間位置に位置づけられるものは、中立的存在をもつ。どちらの時間のなかにも時間位置をもたず、どちらの時間にも現われることができるものは、理念的存在をもつ。

実在的存在と理念的存在の言語形態（直説法）

ノエマからこうした存在に関わる成分が抽出されると、言語的レベルの「存在」（「ある」）が成立する。実在的存在をもつものが、「現在」の時間位置（知覚）に現われると「……ある」として、「過去」の時間位置（想起）に現われると「……あった」として、「未来」の時間位置（予期）に現われると「……あろう」として、述定される。この「ある」、「あった」、「あろう」は、「存在」を示すとともに、その時間位置を示す。

これに対して、理念的存在をもつものは、いつも「……ある」だけで述定される。たとえば、「3たす3は6である」はいつも「……ある」であり、「……あった」にはならない。これは、「存在」だけを示し、時間位置を示さない。

ここで思い出していただきたい。いつも時制変化しない「ある」をもつものは、アプリオリでもある。そして、時制変化する「ある」をもつものは、アポステリオリでもある。そして、この両者は、言語的には「直説法」で表現される。この両者は、「真理」に関わることができる。

中立的存在の言語形態（接続法）

では、中立的存在の場合はどうだろうか。これを言語的レベルで表わすのが、西洋語の「接続法」である。西洋語では、直説法と接続法との区別がある。接続法は、想像や、他人からの伝聞の引用などに用いられる。直説法で語られた内容（つまり実在的あるいは理念的な存在をもつ物事）は、それがなんらかの程度において「真理」であることを主張しているが、接続法で語られたことは、そうした主張をしない。言い換えれば、接続法で語られたことは、「真理」とは無関係である。

ただ、日本語では、この接続法に完全に対応するものがない。そのため、いささかわかりにくい。比較的似たものを探すと、「……そうだ」といった言い方がある。これは、「真理」とは関わらずに、いわば無責任に伝聞内容を示している。その意味で、これが西洋語の接続法にいくらか近いものを作る語法であろう（細かく言うと、西洋語の接続法にもいくつかの用法があり、それゆえ、日本語の「……そうだ」と一致しない面もあるが、それは無視しよう）。

かくして、中立的存在をもったものは、日本語では、「……あったそうだ」、「……あるそうだ」、「……あろうそうだ」というように（いわば日本語版接続法？で）述定されることになるだろう。もっとも「……あろうそうだ」という言い方は、ほとんど実用性をもたない。実用的に使われないため、接続法の未来形と直説法の未来形は混同されがちだが、しかし、両者はいわば権利上区別される。

コーヒーブレイク 捏造遺跡の存在論

右の「……そうだ」は、「……な〜んちゃって」という一時流行した表現に言い換えることもできそうである。これは、すべての直説法的表現を接続法的表現に変換する言葉である。後者を一種の「冗談」とみなして、「超越論的冗談可能性」(transcendental nanchattebility) なるもの──すべての言語表現は、引用された言語表現(冗談)に変換されうるということ──を論ずる議論が、かつてあった。笑える問題提起だったが、現象学的に言えば、これは中立性変様の一種であろう。いずれにせよ、現代の若者は、直説法で語るのが苦手なようである。ということは、真理を主張するのも苦手なのだろう。したがってまた、学問も敬遠されるのだろうか。真理を主張しないことは、人間関係を丸く収めるためには有効かもしれない。なにしろ、真理はしばしば人を傷つけるのだから。

さて、少し話が飛ぶが、『イリアス』に記されたトロイは、右のことに関連している。シュリーマンの遺跡発掘以前には、それは白雪姫と同様のものだと考えられていた。つまり、それは（ホメロスの作り話として）疑似時間のなかに位置づけられていた。ところが、シュリーマンがそれを発掘したことによって、トロイは客観的時間（そして客観的空間）のなかにその位置を獲得したのである。このようにして、私たちはトロイの「存在」を変更した。これはいわば定立性変様ということになるだろうか。

他方、「近代化」以前の多くの神々や精霊（あるいはこれらに類するもの）の物語の場合には、それまでの「実在的」という「存在」が「中立的」という「存在」に変更された。まさに中立性変様である。しかしまた、邪馬台国（卑弥呼）のように、その「存在」が微妙なものもある。誤解を招かないように再度ここで述べるが、「中立的存在」は、「実在的存在」でないのはもちろんだが、これの「否定」でもない。「実在的存在の否定」は、「実在的存在」と同様に、「真理」に関わることができる。たとえば、かつて宇宙に充満しているとみなされた「エーテル」は、自然科学的には、それが非実在的であることが決定された。「エーテルは実在的に存在しない」ということは、「真理」に関わる（同様に、「理念的存在」の「否定」も、「真理」に関わる）。しかるに、「中立的存在」は、そもそも「真理」に関わることがない。あるいは、それが真理かどうかは、「どうでもよい」のである。

私たちは、現在、トロイに実在的存在を認めている（その実在的存在を措定している）が、しかし、仮に今後シュリーマンの発掘が捏造であったことが露見して、トロイは（少なくともあの空間位置には）「実在的に存在しなかった」と認められる（否定的に措定される）ことも、理屈のうえではありうるだろう。しかしながら、たとえそうなったとしても、「中立的存在」をもったものとしてのトロイ（物語のなかでのトロイ）は、そのことに影響を受けない。

ちなみに、日本の上高森遺跡や座散乱木遺跡は、つい先頃まで、前期旧石器時代の日本に人間が住んでいたことを示す証拠とみなされていた。言い換えれば、多くの現代日本人は、前期旧石器時代（という時間位置）と上高森や座散乱木（という空間位置）における人間の実在的存在を認めていた。言い換えれば、その「存在」の「措定」を遂行していた。だが、それにしても、学者を含めて多くの現代日本人は、いささか簡単に前期旧石器時代人の存在を措定し、その真理を信じてしまったようである。

ひょっとすると、日本では、真理の概念がやや弱いのかもしれない。この背景には、日本語が西洋語のような（真理を主張する）直説法と（真理に関わらない）接続法の厳密な区別をもたないという事情があるのかもしれない。両者は簡単に入りまじり、相互に転換する。その結果、西洋語なら直説法で「ある」と言うときに接続法的な要素「な〜んちゃって」が入り込んでしまうのだろう。だから、現代の若者は、この二つを区別する必要があるときには、「マジで？」と尋ねる。いや、遺跡については、成人も「マジで？」と確認するべきだった。
もちろん、西洋語と日本語の差異は基本的に「程度差」であろうから、言語の差異は決定的なものではないのだが。

存在の構成あるいは存在の措定とは

言語的レベルの「存在」＝「ある」は、直接経験における「存在の構成」あるいは「存在の措定」に基礎をもつと言われていた。しかし、「存在の構成」というのは——これが「超越論的」という概念の主要な含意だが——、なにか観念論的・形而上学的に感じられたかもしれない。

しかし、右に示した分析から、このことの内実が、より明確になっただろう。すなわち、それは、ノエマを、客観的時間あるいは疑似時間に、時間位置をもつものとしてあるいは時間位置をもたないものとして、割り振ることだったのである。こうした存在の構成（存在の措定）は、能動的に行なわれる場合もあるし、受動的に行なわれる場合もある。しかし、いずれにしても、その仕組みはふつう主題化されていない。そして、主題化されていないままに、私たちは、自然的態度の傾向に従って、超越化的思考作用を遂行してきた。そして、存在＝超越を、自明のこととして前提してきた。だからこそ逆に、フッサールは、いったん超越論的還元を経ることによって、この仕組みを示したわけである。しかし、それにしても、存在の構成のためには、そもそも時間の構成が行なわれていなければならないだろう。これについては、すぐ後に分析しよう。

第五節　ノエマ的成分とノエシス的成分

ここまでノエマの諸成分が分析・摘出された。このうち、時間と空間はノエマの重要な成分だが、まだ十分に解明されていない。これは、時間と空間がノエシス的成分にも関わるからである。ノエシスというのは、ノエマを構成する意識の働きの側面である。これは、さらに具体的には、自我と身体として現われてくる。以下では、時間と空間を軸にして、自我と身体の構成について述べていきたい。

時間の構成

超越論的還元を遂行する以前には、私たちは、時間が「存在する」と思っている。この場合の「時間」とは、過去から現在を経由して未来へ流れていく一本の直線のようなものである。この場合、過去が先行し、現在がそれにつづく（未来はさらにその後にやってくるだろう）。とすると、最も古い過去こそが、第一のものだろうか。だが、過去が過去として理解可能であるのは、それがかつて現在として経験されたからではないのだろうか。かつていちども現在でなかった過去というのは、私たちにはそもそも理解不可能なのではなかろうか。過去は現在を「遡り示して」いてこそ、有意味なのではなかろうか。

じっさい、超越論的還元を遂行してみると、「現在」の直接経験＝志向的体験しか見出されない。過去や未来は与えられていない。とすると、私たちは、直接経験＝志向的体験の現在から出発して、過去や未来をもったいわゆる時間（客観的時間）を構成していくのではなかろうか。言い換えれば、最初に、過去や未来をもったいわゆる時間が存在しているのではなく、直接経験＝志向的体験の現在から、そうした時間が構成されていくのではなかろうか。

すでに最初期のフッサールは、「直観経過」を確認していた。つまり、直接経験＝志向的体験においては、すべてが瞬間的に消え去るのではなく、現出1の後に現出2が、現出2の後に現出3が……といったように、現出が次々に継起してくるという状態を見ていた。しかも、これらの諸現出はバラバラではなかった。つまり、二の目の現出、三の目の現出、五の目の現出……は、互いにまとめあげられながら突破されて、ひとつのサイコロという現出者を成立させていた。

この場合、三の目が現出しているときに、二の目の現出は完全に失われているわけではく、なお保持されている。また、このとき、五の目はすでに期待されている。あるいは、メロディの例のほうがわかりやすいかもしれない。「咲いた、咲いた、チューリップの花が……」というメロディにしよう。「咲・い・た」の部分は、「ド・レ・ミ」である。このド・レ・ミというメロディにおいて、レの音が鳴っているときには、ドの音は（オシロスコープで計測した物理的な音はすでに消えているだろうが）なお保持されている。ミの音は（やはり物理的にはまだ響いていないだろうが）すでに期待されている。以下同様である。そして、それらがまとまって、ひとつのメロディを形成している。さらにもろもろのメロディ（部分）が集まってひとつの曲（全体）を形成する。そうでなかったら、個々バラバラの音が感覚されるばかりで、メロディにはならない。

フッサールは、〈なお保持されている〉ということを、〈把持されている〉と表現する。〈すでに期待されている〉ということを、〈予持されている〉と言う。そして、この両者の中間において現出するものは、〈原印象的に与えられている〉と言う。こうして、「把持」「原印象」「予持」という術語が登場する。

直接経験＝志向的体験においては、把持的現出と原印象的現出と予持的現出が、一体的に連携している。言い換えれば、直接経験＝志向的体験の「現在」は、原印象的現出だけでなく、これら三つの現出から成り立っている。原印象的現出だけならば、「現在」はほとんど点のようなものになってしまいそうだが、じっさいはそうではなく、「現在」は、三つの位相現出からなる幅をもった現在である。

そして、原印象的現出のみならず、把持的現出や予持的現出も「現在」に属するからこそ、三つの現出がとりまとめられつつ突破されることによって、現出者（メロディやサイコロ）が構成されるのである。

さて、この現在をさらに分析してみよう。すると、ここでは、新たな現出が登場するたびに、それ以前の現出は、原印象からより遠い把持の方向へ向かって押しやられていく。そして、現在の幅をはみ出してしまう。

しかしこのとき、私たちは、はみ出したものを「想起」することができる。この想起によってはじめて、「過去」が形成される。それまでは、現在しかなかったのである。

想起は、能動性を必要とする作業である。平たく言えば、私たちは、想起しようとしなければ、想起できない。ところが、把持や予持は、そうしようと意志しなくても、おのずと把持や予持がなされている。想起は能動的であるのに対して、把持や予持は受動的である。言い換えれば、現在の幅は受動的に構成されるが、過去は（そして時間全体は）能動的に構成されるのである。

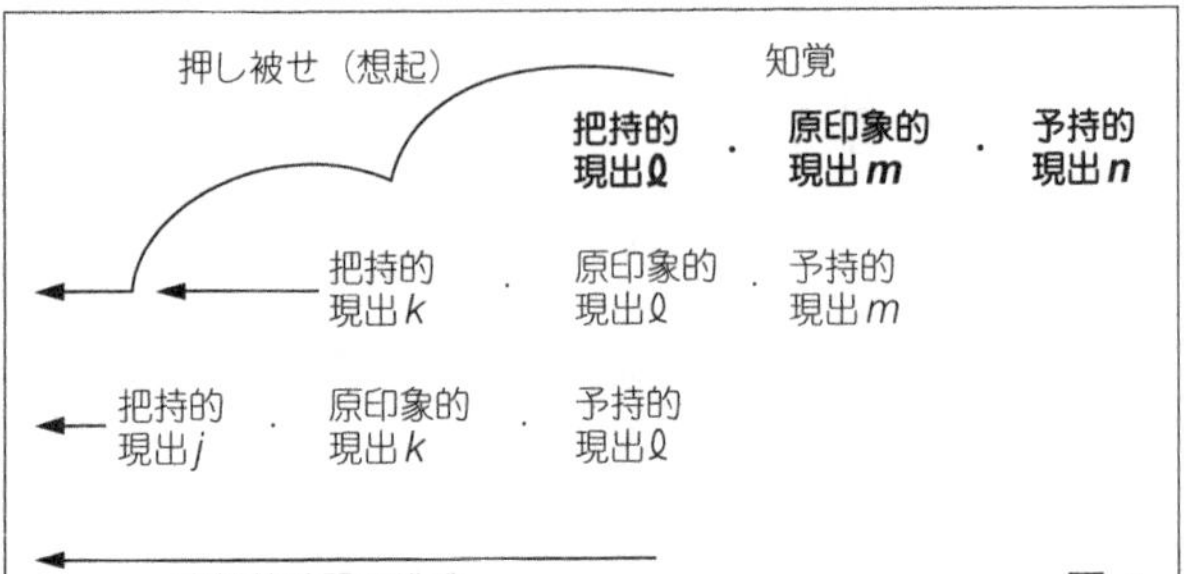

図4

さて、それでは、過去はどのようにして（能動的に）構成されるのだろうか。ここでは、把持的現出l・原印象的現出m・予持的現出nからなる現在から出発しよう。想起は、この現在からはみ出した諸現出を取り戻す。その諸現出は、把持的現出k・原印象的現出l・予持的現出mといったものである。このとき、最初の現在の把持的現出lと想起された原印象的現出lが同一視される。というより、想起にはこうした同一視が含まれているのであり、これが含まれていなかったら、そもそも想起は不可能である。

　さらに次の想起は、把持的現出j・原印象的現出k・予持的現出lを取り戻す。このとき、先ほど想起された把持的現出kと、新たに想起された原印象的現出kが同一視される。そしてさらにもうひとつ次の想起は、把持的現出i、原印象的現出j、予持的現出kを取り戻す。すると今度は、つい先ほど想起された把持的現出jと、今回想起された原印象的現出jが同一視される。

このような具合に、想起と同一視をどんどん進行させていくことができる。要するに、把持・原印象・予持を、いわば一位相ずつずらしながら、同一視を先へ先へと押し被せていくのである。こうした作業をフッサールは「押し被せ」(Überschiebung)と呼んでいる。この作業をどんどん進めていくことによって、一本の直線としての「時間」が「過去」の方向に伸びていくだろう。

また、これを逆方向(つまり「未来」の方向)に延ばせば、過去から現在を経由して未来へと流れていく客観的時間が構成される。

一言付け加えるならば、想起にも限界がある。想起不可能なほどの遠い過去は、想起可能な過去から一種の「理念化」を遂行することによって「構築」される(「構築」とは、直観不可能なものを思考的に構成することである)。自然科学的な意味での時間は、こうした理念化なしには成立しない。

しかし、理念化以前にも(自然科学的意味での時間ではないが)客観的時間は構成されるのであり、そして、この客観的時間が構成されることによって、ノエマにこれのなかの位置(時間位置)を割り振ることができ、このことによってノエマが「個体」として認められ(個体化され)、かつまた、その「存在」が措定されるのである。

自我の構成

すでに述べたように、一九〇五年にフッサールは、現在の対象と過去の対象の同一性が可能であるためには、もろもろの意識（志向的体験）の同一性が前提されるということを発見した。そして、その後、同一性をもったもろもろの意識（志向的体験）を「超越論的自我」と呼んだ。では、この超越論的自我はどのようにして可能になるのだろうか。これをフッサールは把持の構造から解明する。

まず、現在の意識（志向的体験）を見てみよう。そこでは、把持は、その不可欠な契機であり、それ自体、一種の志向性である。把持は、たとえば音の現出を現在のうちに把持している。しかし、それだけではない。これと同時に、把持は把持自身を把持しているのである。言い換えれば、把持は自己関係的・自己意識的な構造をもつ。

音の現出（たとえばド音現出）の把持を、フッサールは「外的把持」と呼ぶ。他方で、把持自身の把持を「内的把持」と呼ぶ。さらに言い換えて、フッサールは前者を「横の志向性」、後者を「縦の志向性」とも呼ぶ。後者（内的把持＝縦の志向性）は、意識（志向的体験）そのものの自己意識だと言ってもよい（ただし、体験されているだけの、非主題的な自己意識だが）。

意識（志向的体験）は、もろもろの外的把持＝横の志向性をつうじてひとつの（同一な）現出者をとりまとめるのと同様に、もろもろの内的把持＝縦の志向性をつうじておのれ自身を非主題的にとりまとめる。おのれ自身をとりまとめたかぎりでの意識（志向的体験）が現在の（同一な）「超越論的自我」である。この自我（私）は志向性の働きそのもののとりまとめだから、通常の現出者とは身分がまったく異なるのだが、しかし、それにしても、自我（私）は、現出者と同時的に（つまり志向性の二重構造によって）成立する。言い換えれば、意識（志向的体験）から、現出者（対象）と自我（主観）が同時に成立して、同時に分離してくるのである。

ひとたび自我が成立すると、それは消失せず、以後の現出者（対象）の構成にとって恒常的な可能性の条件となる。それゆえ、これ以後のフッサール現象学は、この自我を中心とした「自我論」という特徴規定を受けることになる。この自我論は、非主題的な超越論的自我を主題化しようとするのである。

空間の構成

空間はどのようにして構成されるのだろうか。まずもって、私たちは、客観的な空間が「存在している」と思い込んでいる。また、その客観的空間の一部として、たとえば自分の部屋のような私的空間が存在していると思い込んでいる。しかし、ここでも、そうした思い込みを中断して、直接経験＝志向的体験に帰らねばならない。

さて、直接経験＝志向的体験（志向性をもったマッハ的光景）のなかに、a、b、c、d、eという並木が見えているとしよう。この直接経験＝志向的体験においては、時間が点的でないのと同様に、空間もすでに（この並木が示すような）一定の広がりをもっている。だが、それは、まだ（空虚な入れ物のような）客観的空間でも、その一部でもない。そもそも客観的空間はまだ構成されていないのである。客観的空間は、直接経験＝志向的体験における空間から（派生的に）構成される。

直接経験＝志向的体験の並木a、b、c、d、eにおいて、構成の出発点となる空間が体験されている。しかし、この空間はさらに顕著な特徴をもっている。これは、キネステーゼ意識的（運動感覚的）空間なのである。だが、キネステーゼ意識とは何だろうか。

キネステーゼというのは、ギリシャ語の「キネーシス」（運動）と「アイステーシス」（感覚）の合成語であり、「運動感覚」とも訳されるが、なにか運動する物体についての感覚ではない。それは、むしろ、〈私が前に進む〉とか、もっと具体的には〈私が展望台に登る〉といったような、「私が動く」の感覚である。一方でこの感覚と、他方で空間的な対象の現出の感覚とが一体になっているのが、キネステーゼ意識である。

したがって、キネステーゼ意識は、内的な分節構造をもっているわけだが、それは「K成分」と「b成分」と呼ばれる。K成分とは、私が動くことの感覚のほうであり、b成分とは、それに対応して得られる空間的な対象の現出の感覚である。

もっと具体的に分析しよう。並木a、b、c、d、eが見える直接経験＝志向的体験の光景は、絵のように静的なものではない。これを見るとき、私には次のような予想が与えられる。つまり、もし私がもっと前に進むならば、新たに現出fが得られるだろうという予想である（この予想は予持よりも能動的だとされるが、この点は、今は脇に置いてよい）。このように、私の運動を媒介にして「もし……ならば、……だろう」という意識が生じるのである。さらにもう一段階具体化すれば、「あの展望台に登れば、きっとすばらしい景色が見えるだろう」といった具合である。

かくして、キネステーゼ意識は、その運動（K成分）によって、新たな現出f（b成分）を得ようとする動機づけを与える。仮にキネステーゼ意識がなかったならば、言い換えれば、おのれ自身が動くことの意識（K成分）がなかったならば、さらに言い換えれば、絵のように静的にb成分が与えられているだけだったら、そこから新たな空間的現出を得ようとする動機づけは生じないだろう。フッサールは、「bの諸成分は『〔対象への〕志向』を与え、Kの成分はこの志向の動機づけを与える」と述べている。このキネステーゼ意識によって、直接経験＝志向的体験の光景はダイナミックになるのである。

この場合、b成分だけが与えられてK成分が与えられないということがないのと同様に、K成分だけが与えられてb成分が与えられないということもない。両成分は「相互的な依存関係」のうちにあり、要するに、やはり一種の普遍的な相関関係のうちにあるのである。しかも、両成分は、堅固にではなく、緩やかに結びついている。

さて、このことからフッサールは空間の構成を解明する。キネステーゼ意識に動機づけられて、自我（私）は新たな可能的対象fを見ようとする。そして現実の運動を介して、対象fを現実に見る。このとき並木は、b、c、d、e、fとして現われている。ここで、自我は、またキネステーゼ意識のK成分に動機づけられて、さらに新たな可能的対象gを見ようとし、そしてそれを現実に見る。つまり、c、d、e、f、gである。ここで、さらに新たな可能的対象hが指し示されるだろう。このように、次々に新たな可能的対象が指し示されていくのであるが、こうした指し示しが「地平」を形作る。つまり、さしあたり現実に見えているのは「地平」の内部のものだけであるが、しかし、「地平」はその可能的な外部を指し示すのである。このような「地平」は、自我が可能的な外部へ外部へと動いていくことによって、拡大していく。地平はそのつど内部しか見えないという意味では、閉じているが、しかし、たえず外部を指し示し、外部へ拡大していくかぎりで

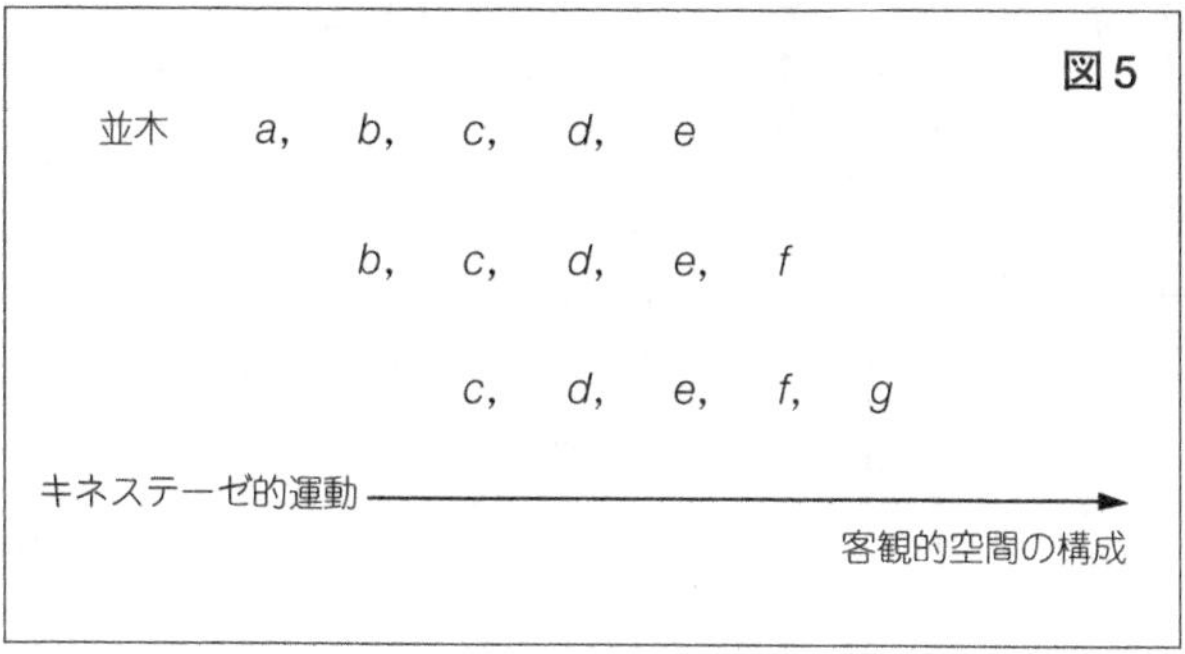

は、開いている。クローズドであるとともにオープンであり、いわば「クロープン」である。このようにして、地平は、新たに拡大しながら、新たな「そこ」になっていく。

しかし、地平はかってに開いていくわけではない。自我が、「私は動く」という「能力」によって、まだ現実には見えていない可能的な空間を切り拓いていくのである。フッサールはこうした運動の可能性を示すのに、「能力」(Vermögen)と「可能性」(Möglichkeit)の語を合成して「能力可能性」(Vermöglichkeit)という言葉を使っている。これは、論理的な可能性とは異なった、運動的な可能性である。

しかしながら、fやgが新たに得られても、そのときaやbが失われていくのであれば、空間は広がらない。aやbがなお保持(記憶)されていなければならない。この保持(記憶)する働きは、時間的な意識の働きである。この意味で、時間意識が空間意識の拡大の前提条件となっている。この前提条件にもとづいて、空間は拡大するのである。この拡大をつうじて、客観的空間が構成される。もちろん、直観的な空間の拡大には限界がある。しかし、ここでも理念化によって、自然科学的な意味での客観的空間が構築されることになる。たとえば地図の空間などが、典型的な客観的空間である。この客観的空間がひとたび構成されると、それ以前の空間は「主観的空間」とみなされることになる。

だが、自然科学的な空間でなくても、直観的に構成された空間はすでに客観的である。そしてこの客観的空間が、ノエマの空間的位置づけを可能にすることについては、もはや言うまでもないだろう。

身体の構成

身体は、主観的であるとともに、一種の物でもあるような不思議なものである。こうした身体はどのようにして構成されるのか。これをフッサールはキネステーゼ意識から解明する。キネステーゼ意識はある特徴をもっている。つまり、それは「〔対象の〕呈示を可能にするが、おのれ自身を呈示しない」のである。対象が現われているときには、キネステーゼ意識は隠れている。とはいえ、キネステーゼ意識は無意識だというのではない。これは、知覚と感覚の関係と基本的に同じことである。キネステーゼ意識そのものは、空間的対象の知覚を可能にするが、それ自体は知覚されず、感覚されるだけである。知覚が主題的であるのに対して、感覚（運動感覚としてのキネステーゼ意識）は非主題的である。このことは、キネステーゼ意識と志向的体験は同じものであることを物語っている。言い換えれば、キネステーゼ意識は、志向的体験の自己運動的な構造なのである。

さてこの場合、身体がすでに（事物的に）存在するからその内部で（主観的な）キネステーゼ意識が可能になるのではない。現象学的還元以前には、私たちはついそう考えたくなってしまうが、現象学的には、そうではない。逆に、キネステーゼ意識が働くから身体が構成されるのである。どういうことだろうか。

キネステーゼ意識において中心的なのは「視覚的キネステーゼ意識」と「触覚的キネステーゼ意識」であるが、身体構成にとってとりわけ重要なのは触覚的キネステーゼである。視覚的キネステーゼ意識では、そのK成分とb成分は隔たっている。だから、視覚は遠感覚だと言われる。ところが、触覚的キネステーゼ意識においては、その意識自身の運動感覚（K成分）と対象の感覚（b成分）は、密着している。というのも、触覚は対象との接触面でのみ生じるからである。触覚は近感覚である。この場合、意識自身の運動感覚を主観的、対象の知覚を客観的と呼ぶならば、接触面では、その両方が生じることになる。

接触面は、主観的でもあり客観的でもある。接触面は、そういうものとして構成されるのである。そして、もろもろの接触面が綜合された体系こそが身体である。かくして、いささか硬く言えば、触覚的キネステーゼ意識が触覚的におのれを感覚するシステム全体が、主観的でも客観的でもある身体として構成されるのである。身体が、（意識の働きと区別がつかないほどに）主観的であるとともに（一種の物のように）客観的でもあるという二重性格をもつのは、このような構成の仕組みによる。

そして、身体を構成するキネステーゼ意識が「〔対象の〕呈示を可能にするが、おのれ自身を呈示することはない」とすれば、身体もまた同様の性格をもつことになるだろう。空間的な対象を構成することに従事しているキネステーゼ意識／身体は、感覚されているとはいえ、知覚されてはおらず、むしろ、対象の主題化的な知覚の代償を払うかのように、おのれ自身を隠すのである。あるいは、この代償によってこそ、対象は主題的になることができると言ってもよい。

しかし、非主題的なままとはいえ、身体は「ここ」として感覚されている。しかも、身体が「ここ」として感覚されなくなることはありえない。その意味で「ここ」は、「絶対的ここ」である。そして、この「絶対的ここ」である身体を運動的な基点（起点）として、新たな空間的な「そこ」が構成されていく。身体は、その運動によって空間を切り拓く出発点であり、「方位設定のゼロ点」だとも言われる。

しかし、非主題的な身体の「絶対的ここ」は、数学的な「点」のようなものではなく、ある種の広がりをもちうるだろう。それは、さしあたり、身体全体に広がっている。とはいえ、それを、たとえば頭部に、さらには目に限局することもできないわけではない。この場合、足や手は「そこ」にあるということになる。「絶対的ここ」は、ある程度まで伸縮するのである。

とすれば、たとえば、いくらか熟練を必要とはするが、自動車を運転するときに、私の身体が自動車全体にまで広がり（言い換えれば自動車全体が「絶対的ここ」になり）、前方を走る他の自動車が「そこ」になるということが起こっても、さほど不思議ではないだろう。あるいはむしろ、非主題的な「絶対的ここ」の伸縮は、主題的な対象との相互関係によってこそ決まると言うべきかもしれない。

こうした身体は、事物が（すでにできあがった）客観的空間のなかに存在しているように存在しているわけではない。そもそも、空間は、K成分とb成分の相関関係から構成されているのだから、キネステーゼ意識／身体にとって、志向性の、いわば手の届く射程である。そして、キネステーゼ意識／身体は、みずから動きつつ、空間をその内部から押し広げていくのである。

フッサールが述べている事例ではないが、たとえば生まれたばかりの猫の足を固定したうえで（つまり身体運動をできなくしたうえで）、台車に乗せて周囲の風景を見せるという実験を継続的に行なうと、足を解放しても、その猫は正常に行動することができなくなるようである。この例は、空間構成と身体運動が密接に関連していることを（客観主義的にではあるが）証拠立てているだろう。ただし、学問的な無前提性を標榜するフッサール現象学は、こうした事例をおのれの「前提」とするのではなく、直接経験の内部でのキネステーゼ意識／身体の分析をとおして、こうした可能性を把握するのであるが。そして、そうだからこそ、（こうした心理学実験が、できあがった客観的空間を前提とするのに対して）現象学は、キネステーゼ意識／身体が、内部から空間を押し広げていくということを主張できるのである。現象学的には、空間構成は、たえず途上にある。できあがった客観的空間を構築するのは、理念化である。

さて、すべての対象の知覚は、空間的でもある。とすれば、空間構成を可能にするキネステーゼ意識／身体は、すべての知覚に立ち会うことになるだろう。知覚的構成はつねに身体的でもある。おそらく、極端な心身二元論者（意識と身体は完全に別種のものだと考える人）でないかぎり、フッサールならずとも、「身体はすべての知覚の媒介手段であり、……それはすべての知覚に必然的に居合わせている」と認めるだろうが、しかし、多くの人は、一方でそう認めながらもなお、他方で身体の内側に心（意識）があると考えているのではなかろうか。フッサールも「内的」という言葉を多用するので、フッサールもそうした心（意識）の捉え方をしていると誤解されることがある。しかし、フッサールのいう「内的」は、マッハ的光景の内側から見るということであって、もっと正確には、超越論的還元を遂行して見るということである。この還元をつうじてこそ、それゆえまた、キネステーゼ意識の分析をつうじてこそ、身体が知覚の媒介手段であるということの真の意味がはじめて理解されるのである。

コーヒーブレイク

超越論的自我は自転車に乗れるか

以前、フッサール現象学に対して、「超越論的自我は自転車に乗れるのか」という疑問を出した人がいた。どうやら、（人間である自分が自転車に乗れるのに）自転車にすら乗れない超越論的自我などは無能／無意味だ、と、その人は言いたかったらしい。あなたはどう考えるだろうか。私流に答えておこう。

簡単である。超越論的自我は、心理学の絵のように自転車に乗ることはできないが、しかし、マッハの絵のように自転車に乗ることはできる。図6と図7を比較してもらえば、理解されるだろう。もちろん、「乗る」という言葉は、物体（自転車）のうえに物体（超越論的自我）が存在するというようなことを意味しない。超越論的自我は、それを外部から眺められるような（そして外部からその存在を確かめられるような）物体ではない。「乗る」という言葉は、この場合、「私は動く」ということのバリエーションのひとつとして、「私は自転車に乗る」ということを意味する。それゆえ、この場合にも、空間（マッハ的光景の空間）は、キネステーゼ意識に対応して変化し、拡大的に構成されていく。

フッサールの超越論的自我を、大仰に説明したり、大仰に批判したりする人がいる。しかし、フッサールは「小銭」で哲学をしようとしていたのである。抽象的に（高額紙幣で）考える前に、この事例のように具体的に（小銭で）考えないと、フッサールの声を聞き違えてしまう。

図 6

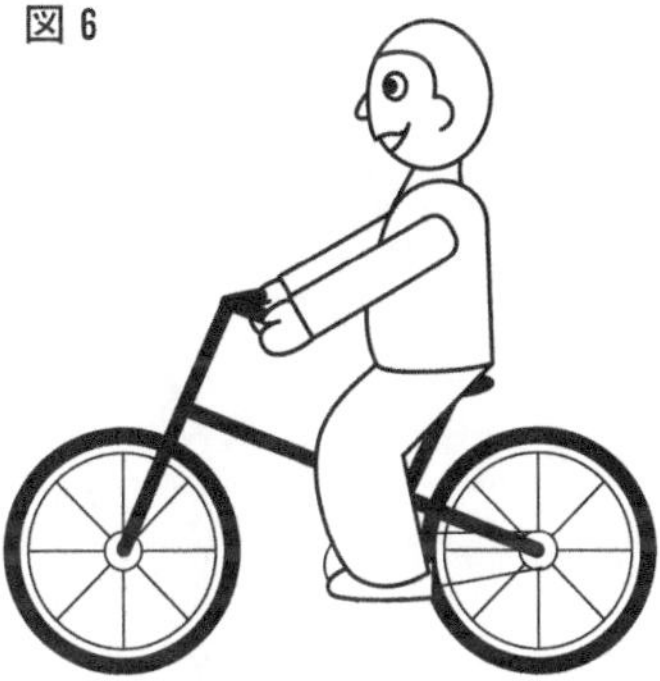

図 7

第四章　世界の発生と現象学

一九二〇年代のフッサールは、ノエマ的意味や時間・空間の構成や自我の構成を、さらに「発生」という観点から分析するようになる。これらの成分は、最初からできあがっているのではなく、ある過程を経て生じてくるのである。この過程を分析するのが、「発生的現象学」である。これと対比的に、諸成分ができあがった状態において分析するのが「静態的現象学」――もっとも、これは発生的現象学が登場して以後、はじめて有効になる規定である――であるが、フッサールの分析の重点は発生的現象学へと移行していく。

以下では、この発生的現象学的な分析に目を向けることにしよう。

意味の発生的構成

まず、ノエマ的意味の発生的構成である。ノエマ的意味も、最初からできあがっているのではなく、徐々に構成されてくる、あるいは、徐々に「発生」してくる。その原理をフッサールは、イギリス経験論（とりわけヒューム）以来の（古臭い）用語で「連想」あるいは「連合」と呼ぶ。

日本語の「連想」と「連合」はかなりニュアンスが違うが、英語では「アソシエーション」(association)――ドイツ語では「アソツィアチオン」(Assoziation)――である。フッサールは、一方で、はじめてなにかが見えてくるような場面で起きるアソシエーション

図8

と、他方で、以前に見たものと似たものが見えてくるような場面で起きるアソシエーションを区別して、前者を「原連合」とも呼ぶ。この「原連合」が、どちらかと言えば、「連合」という日本語の語義に近い事態である。逆に、「連想」という日本語は、後者の場合に近い。

前者から考察しよう。ある「場」から「なにか」が際立ってくる。この「なにか」が後に「対象」となるのであるが、この際立ちは、なによりも意味的な際立ちである。場のなかで、同質的なもの（親近的なもの）同士はまとまり、異質的なもの（異他的なもの）は分離する。ゲシュタルト心理学でいう「ゲシュタルト」のようなものが、「図」として際立ってきて、「地」から分離するといったことである。最も単純な例で言えば、図8において、点は八つのバラバラな点ではなく、近接した二つの点が一組ずつにまとまって（図として）浮かび上がってくるが、こうしたことである。このことをフッサールは「原連合」と呼んでいる。

1、現象学とゲシュタルト心理学

ゲシュタルトという言葉が登場したので、早速、分析をいったん中断して、フッサール現象学とゲシュタルト心理学の関係について簡単に見ておこう。ゲシュタルトについては、すでにマッハが気づいていた。マッハはたとえば「別々の音程にあるが等しい〔二つの〕メロディは、等しい〈音のゲシュタルト〉をもった〈音の形象〉として……特徴づけられる」と言っている。そして、マッハからは、ゲシュタルト心理学の創始者の一人エーレンフェルスが影響を受けたし、フッサールも一定の影響を受けている。

では、フッサール現象学とゲシュタルト心理学との関係はどうだろうか。だが、これは微妙である。ゲシュタルト心理学の側からは、「連合」の考え方は批判されるべきものである。連合は、要素と要素が結びつくということだから、要素主義的であるが、ゲシュタルト心理学は、要素主義を批判し、全体（ゲシュタルトの全体）が先に与えられるという全体論的立場を取る。そして、ゲシュタルト心理学は、フッサールも連合の概念を用いているというところからフッサールに批判を向ける。だが、フッサールの原連合は、じつは、ゲシュタルト心理学の考え方に近いものなのである。

他方、フッサールもゲシュタルト心理学に対してかなり批判的な言葉を残している。とは言っても、それが誤っているというのとは微妙に違う。フッサールはゲシュタルト心理学の成立（エーレンフェルスの「『ゲシュタルト質』について」）以前にそれに近い発想を自身で得ていたようであり、しかも、これよりも志向性の分析のほうがたいせつであって、ゲシュタルト心理学はこの志向性分析に（いくつかの変更を経て）取り込まれるというように考えていたようである。つまり、フッサールはゲシュタルト心理学の独創性をあまり高く評価しないのである。

そんなわけで、フッサールの原連合の分析には、マッハやゲシュタルト心理学からの影響が強いとは言えない（むしろ、ゲシュタルト概念に近い発想に関してフッサールに影響があったとすれば、ブレンターノ門下の兄弟子であるとともにフッサール自身の師の一人でもあるシュトゥンプフからの影響だろう）。しかしながら、内容的に見ると、フッサール現象学とゲシュタルト心理学は重なる点を多くもつ。そして、後にメルロ＝ポンティは、この両者をより近づけることになる。現代では、ゲシュタルト心理学を下敷きにしたアフォーダンス理論と現象学が近い。

2、意味と基体の分化、地平との関連

さて、分析に戻ろう。ゲシュタルトのようなものが際立って（触発して）くると、注視がそれに向かう。そして、それがどういうものかをさらに解明しようとする（そして、こ

のときから、フッサール現象学はゲシュタルト心理学から離れて、独自の志向性分析に進むことになる)。たとえばサイコロの場合ならば「白い」とか「立方体」……というようなノエマ的意味の「規定α、β……」が見出されるとともに、それらの意味が収斂する「基体」が分化していく。つまり、志向性は、突破されるべき諸現出(ノエマ的意味の諸規定)と、これらの諸現出を付着させる基体とを、分化させるのである。このことを出発点にして、後に、主語S(基体)と述語p(意味)といった論理学的カテゴリーが成立していく。だから、フッサールはこの場面を「いわゆる『論理学的カテゴリー』の最初のものの原現場」だと言う。

さらに、解明は進む。サイコロは、たとえば机の上にある。部屋のなかにある。家のなかにある。住宅地のなかにある……。このように、サイコロは、その外部との関係のなかで、さらに意味規定を受けていく。この外部は「外部地平」と呼ばれる。ここでは、単に空間的な地平が問題になっているだけではなく、それと結びついた意味の地平(つまり「意味地平」)が問題になっているのだが、しかし、この語法も、それほど違和感なく受け入れられるのではなかろうか。

3、原連合から連想へ

対象の規定（意味）は、一度右のように獲得されると、そのときだけで消えてしまうことはない。一度見たものは、「『ぼんやりとした』記憶」のなかに残り、それに似たもの（同質的なもの・親近的なもの）をふたたび見るときに、「類型的ななじみ深さ」を引き起こす。これが、第二の意味でのアソシエーション（日本語の連想に近い）である。つまり、規定（意味）は、「類型」として残り、それが次の経験に影響を与えるのである。

こうして、先行する規定（意味）は、後続する規定（意味）の構成に関与する。しかし、この関与は一方向的ではない。先行する規定（意味）がぼんやりしてほとんど失われそうになっていた場合に、後続する規定（意味）のほうが、先行する規定（意味）を呼び覚ますこともありうる。「現在地平」に属するものと「過去地平」に属するものは、互いに呼び覚ましあい、互いに想い起こさせあうのである。

こうした相互作用があるとすると、この場面（第二の意味でのアソシエーション）では、純粋に個別的な（一回限りの）直観はないことになる。この場面では、個々の直観はその背景的な地平（過去地平）と結びついている。あるいは、部分は全体と結びついている。こうした直接経験に即した分析は、後にハイデガーやガーダマーが展開する「解釈学」の部分と全体の理論を（まさに）想い起こさせる。部分の理解と全体の理解は、どちらか一方が決定的に先行するのではなく、互いに前提しあいながら、進んでいくのである。

コーヒーブレイク 意味と地平の関係

少し古い映画で、アフリカのある部族の人が、偶然にコカコーラの瓶を見つけ、それを神様からの贈り物だと理解するという場面があった。つまり、西洋型の社会という背景的地平（この場合には時間地平と空間地平、さらにそこにおける意味地平を含む全体だが）のなかで清涼飲料の瓶として理解されるものが、アフリカの少数民族の集落という背景的地平のなかでは、神様からの贈り物として理解されるのである。この映画は、その当のものの「意味」（清涼飲料の瓶か、神様からの贈り物か）は、その当のものだけで決まるわけではなく、意味地平との関連のなかでこそ決まるということを、極端かつコミカルに示している。個別的対象の意味と意味地平の関係は、部分と全体との「解釈学的循環」の関係にある。すなわち、部分の意味を決めるには全体の意味が前提され、しかし、全体の意味を決めるには部分の意味が前提される、という循環的な関係である。

4、類型・本質・判断・事態

さて、「類型」のなかには、本質的な意味成分と非本質的な意味成分が含まれている。たとえば、サイコロの類型のなかで、「立方体」は本質的な意味成分であり、「白い」は非本質的な意味成分であろう。これらのなかから本質的な意味成分を取り出してくることによって、そのものの本質規定が可能になる。さらに、その本質規定から出発して「類化」がなされれば、類的な本質規定も可能になる。

このようにして、規定（意味）は、本質（形相）的に純化されて構成されていく。そして、すでに分化していた基体Sと、この規定（意味）pとが、「ある」によって結びつけられるとき、言語的・述定的な「判断」＝論理学的命題（「Sはpである」）が完成する。狭義の論理学的なものの成立である。

この言語的・述定的判断は、（カントのように）主観に備わったカテゴリーによって条件づけられているのではない。それは、あくまでも直接経験から抽出されてくるのである。

こうした出自が示していることだが、この述定的判断は、主観的な表象／現象の世界の内部だけにあるようなものではなく、直接経験における相関項をもつ。この相関項が「事態」である。

論理学の次元で言えば、述定的判断と事態との関係は、名詞と対象との関係（「名指す」）と同じである。言うなれば、述定的判断は事態を名指すのである。この場合、フッサールは、名詞（「サイコロ」）に対応する対象（サイコロそのもの）が直接経験において直観されるのと同じ程度に、述定的判断（「このサイコロは白い」）に対応する事態（このサイコロは白い）も直接経験において直観されるとみなす（この後者の直観が「カテゴリー的直観」であった）。誤解を恐れずに言えば、フッサールはいわば事態実在論？とでもいった立場を取るのである（これはカントと大きく異なる）。

様相の発生的構成

論理学的な次元には、「様相」がある。様相は、基本的には話法の「助動詞」で表わされるが、形容詞を伴った「ある」などでも表わされる。たとえば、英語のcanやbe possibleは、「ありうる」といった可能性の様相を表わす。この場合には、端的な「Sはpである」が「Sはpでありうる」（あるいは「Sは可能的にpである」）になる。このように、様相は、「ある」（存在）の有様が弱まったり強まったりすることによって生じる変化である。

1、直接経験における「ない」(否性)から言語的な「ない」(否定)へ

フッサールは、こうした様相の変化も直接経験に基礎をもつと見る。その際、重要な役割を果たすのは、「直観経過」である。直接経験の直観は、把持・原印象・予持という三つの位相をもっている。サイコロの例で言えば、二の目の把持、三の目の原印象、五の目の予持といった場合を思い浮かべればよいだろう。

この場合、五の目は、予持によって志向されている。そして、たいていは、この予持が充実される。つまり、身体運動をつうじて、その目をじっさいに見る(原印象的に直観する)ことができる。このとき、予持の期待は「確証」される。しかし、じっさいに見たら、それが五の目ではなかったということも起こる。この場合には、予持の期待が裏切られる。フッサールはこれを「期待外れ」と呼んでいる。このとき、「(期待されていた)五の目ではない」――これはまだ言語化されていないが、このように表現せざるをえない――のような「ない」の意識が生じる(フッサールはこれを「否性」(Nichtigkeit)とも呼ぶ)。これが、言語的・述定的・論理学的レベルでの「ない」の先行形態である。言語的レベルの「ない」は「否定」(Negation)と呼ばれる。

直接経験の「ない」は、「期待外れ」によって生じるという意味では、「ある」よりも派生的である。しかし、その強さは同じであり、「ない」は「ある」と同じ強さをもつ。つ

まり、この「ない」は、言語的に表現すれば、「Sはpでない」("S is not p")ということなのだが、しかし、これは「Sはpである」("S is p")と同じく、直説法の「ある」(is)を含んでおり、「真理」を主張している。日本語では、「Sはpでないのである」と述べたほうがよいかもしれない(逆に言えば、日本語の「ない」は、西洋語の「ない」＝「ないのである」より少し弱いのだが、しかし、日本語では「ある」も先述のように簡単に接続法に変化するほど弱いので、最終的には、「あるのである」と「ないのである」が同じ強さをもつと言い換えるのが最良かもしれない)。「ある」は「存在の措定」にもとづくのに対して、「ない」(ないのである)は「非存在の措定」にもとづく。

ただし、語法にこだわると、フッサールの語法では、「措定」は「存在の措定」だけを指すので、「非存在の措定」というのは不適当である。「非存在の措定」は、「存在の措定」が様相変化を被ったものである。様相変化を被ったものにも使える言葉は「定立」である。したがって、この「定立」の語を使って、「非存在の定立」と言うのがよい。「否定」とはこの「非存在の定立」である。

2、定立性の様相

さて、このような「否定」を可能にする条件が、「否性」の直接経験にほかならない。

たとえば、二の目の裏側が五の目で「ない」という「否性」の直接経験（いかさまサイコロの経験?）が起きたとしよう。このとき、このことによって、五の目に期待されていた「ある」＝「存在」の措定に揺らぎが起こる。最初の素朴な「確信」＝「確実性」が揺らいで、「疑わしさ」が生じるのである。さらに、「ある」と「ない」との葛藤が生じると、そのどちらも「ありうる」ということにもなる。こうして、直接経験において、「可能性」の様相が準備される。さらに、「ある」と「ない」のどちらかが強くなった場合には、「蓋然性」の様相が準備される。

だが、ここまでの様相の変化は、強さ／弱さの差はあるにせよ、なお「真理」に与《あずか》ることができる。「定立」されたものは、なお「真理」に関わることができるのである。

3、中立性の様相

しかし、他方で、直接経験において、こうした「ある」や「ない」（ないのである）がせめぎ合ったあげく、「定立」そのものがなくなってしまう場合もある。これは、「否定」が働いているということではない。そもそも、右のような「定立」が働かないのである。

これが「中立性」である。これは、発生的に見て、新たな（しかし右とは大きく異なった）様相であり、言語的レベルでは基本的に接続法で示される。こうした様相も直接経験において発生的に準備され、そこから生じてくるのである。

以上のように、直接経験において、根源的な様相（原様相）としての確実性が、期待外れによって裏切られることによって、可能性や蓋然性の様相が、さらには中立性の様相が、派生的・発生的に生じてくる。そして、このような直接経験において起こることが、言語的・論理学的な諸様相の起源となるのである。

世界は最大のノエマか

じつのところ、フッサールの論理学の基礎づけは、これまでに述べたよりも、はるかに詳細である。これまでの論述では触れられなかった論点もいくつかある。しかし、概要は理解していただけたのではなかろうか。

「基礎づけ主義」といった言葉でフッサール現象学にレッテルを貼ろうとする人々がいるが、しかし、そういう人々は、フッサールの基礎づけの試みがどういうものだったのかを、どこまで知っているのだろうか。ただレッテルを貼って、「自分自身で考える」ことをしないというのは、「哲学」としては、どうだろうか。

さて、本書は、そういうことを避けるために、（なぜか、これまでほとんど示されたことのない）フッサールの論理学の基礎づけについて概略を示した。そして、そのうえで

(あくまでもそのうえで)、フッサールの基本的着想が部分的に届かなくなるところにまで分析を進めたいと思う。事象は、当初の予想どおりの構造をもっていなかったのである。そうしたものとして、「世界」という事象が登場する。

「世界」という言葉は、「外国」などという意味ももつ。たとえば、「世界に目を向けろ!」などと言うときには、そうである。しかし、フッサールは(さしあたり)、「世界」を、石や机や樹木などの諸対象の「全総体概念」だと定義している。そこにある石の「一」とここにある机の「一」とあそこにある樹木の「一」と……のように、「と」によって物を集めつつ結びつけていくこと(集合的結合)によって、「数」という「総体概念」が構成されることはすでに示したが、フッサールは、おそらく、それらの質料的な事象内容も集合的に結合したうえで、世界とは「諸対象の全総体概念」だ、と考えたのである。しかし、諸対象は基本的にノエマ構造をもつ。とすると、世界は最大のノエマだということになりそうである。

1、世界の意味

ほんとうにそうだろうか。まず、ノエマは基体とノエマ的意味という構造をもつ。ノエマ的意味という面から考えてみよう。世界は、個々の対象(ノエマ)の外部地平であった。

その意味は、個々の対象（ノエマ）から出発して徐々に規定されていく。しかし、世界は地平であるかぎり（意味に関しては「意味地平」とも呼ばれる）、クローブンであり、それゆえ、たえず拡大していく。とすると、それの意味を固定してしまうことはできない。むしろ、それは、その意味をどんどん規定していくことが可能でありながら、それ自体はいつもなお未規定性を残すということになるだろう。世界は、いつも解明的に規定されない「残存地平」を残していることになる。たとえばサイコロから出発して、それが「机のうえ」にあるとか「部屋のなか」とか「家のなか」とか「……市のなか」とか……というようにどんどん意味を詳しく規定しながら地平を拡大していっても、世界はそのような規定を超えた部分をつねに残してしまうのである。

しかし、そうだとしても、世界はまったく未知であるわけではない。世界地平は、そのつど、既知のもののすぐ外側、いわばその一歩先として、あらかじめ思い描かれている。そして、この世界地平の（非主題的な）意味は、個々の物の意味に関与している。それゆえ、それは一種の既知性をもっている。かくして、それは、詰まるところ、「既知と未知が絡み合った構造」をもつと言えるだろう。

こうして、残存地平をもつ世界の意味は、それを主題化しようとすると個々の対象（ノエマ）よりつねに遅れてしまうが、それでも、個々の対象（ノエマ）の意味と相互関係的に結びついている。かくして、意味という観点では、世界と対象には一定の連携関係がある。

2、世界の基体、世界の唯一性

では、基体に関してはどうだろう。ここで大きな違いが発見される。フッサールは「いかなるノエマにおいても、……純粋に規定可能なXが不可欠である」と述べていた。この「X」は、もちろん、ノエマ的意味がそこに収斂する基体である。ところが、後年のフッサールは「全自然」（これは世界と同義である）についてこう述べる。「明らかに、全自然は、端的な経験〔＝直接経験〕においては、基体をもったものとして経験されてはいない」。つまり、世界は、意味に関してはノエマと連携しているとしても、意味を収斂させる基体をもたないのである。しかるに、ノエマにとって基体が不可欠だとすれば、基体をもたない世界はノエマではない、ということになるだろう。基体という点では、世界は、ノエマとはまったく異質なのである。

さて、基体は「一」の起源だったが、世界が基体をもたないということは、世界が「一」として捉えられないということだろうか。そうではない。むしろ、世界は、じつは、なにか「と」なにかを集合的に結合するといったことがナンセンスになってしまうようなものなのである。言い換えれば、世界の「一」は、(「と」による集合的結合によって) 複数にもなりうるような「一」ではなく、複数が最初から無意味であるような「唯一性」である。「……世界は、……客観のように存在するのではなく、唯一性において存在するのであって、この唯一性にとって複数は無意味である」。複数は、対象(客観)の場合にはいつも可能だが、世界の場合には不可能である。これは決定的な差異である。

3、世界の存在

さらに、対象(ノエマ)は時間位置・空間位置ももつ。その時間位置・空間位置は、客観的時間と客観的空間の内部の位置である。対象(ノエマ)は、客観的時間と客観的空間の内部に位置づけられているからこそ、その時間位置・空間位置をもつ。そして、そうであるからこそ、対象(ノエマ)はさらに、「実在的」などの「存在」をもつ。このことは、客観的時間と客観的空間がもともと「地平」という構造をもっているとしても、つまり、時間地平と空間地平という構造をもっているとしても、基本的に変わらない。

しかし、世界は時間地平と空間地平から成り立っている。いや、世界は時間地平と空間地平そのものだ、と言ったほうがよい。あるいはもっと単純に、世界は「世界地平」だと言ったほうがよい。世界以前の時間などといったものは無意味だし、世界の外部の空間などといったものも無意味である。なぜなら、そうした想定された「以前の時間」や「外部の空間」すらも、それら自体、世界地平の一部だからである。世界地平は、こうしたクロープンな構造をもっている。しかし、そうだとすると、このように広がる世界そのものは、時間地平と空間地平の内部に位置づけられないということになる。なぜなら、世界(世界地平)そのものが時間地平と空間地平そのものだから。ご理解いただけただろうか。世界はある意味で当たり前のことである。かくして、世界(世界地平)それ自体は、時間位置と空間位置をもたない。

しかし、なにかの「存在」は、それが時間地平と空間地平のなかに内属する仕方によって決まるのだから、世界のなかに位置づけられない世界は、「存在」ももたないことにもなってしまいそうである。だが、そうではない。

フッサールは、「世界意識は、信憑の確実性という様相における意識であって、存在措定——つまり現存在しているとしての把握——や、さらには述定的な実存判断といった、生のつながりのなかでことさらに登場してくる作用によって獲得されるわけではない。これらすべて(=直接経験における存在措定および述定的レベルでの実存判断)は、すでに信憑の確実性における世界意識を前提しているのである」と言う。いささかわかりにくいかもしれないが、こういうことである。つまり、「存在措定」とは、対象に「存在する」

と認めることであり、結局は先述のように直接経験において対象を時間のなかに内属させることである。対象の（実在的とか中立的とか理念的といった）「存在」は、意識がこのような「存在措定」を遂行することによって成立する。ところが、世界の場合にはそうではない。「存在措定」は、対象を世界地平のなかに内属させることだから、それ自体、世界地平の〈存在〉を前提している。世界（世界地平）は、対象がそのなかに内属させられるところの当のものだから、世界の〈存在〉のほうが対象の存在よりも（存在論的・超越論的に）先行するのである。もし世界が〈存在〉しなければ、対象の存在が不可能になってしまう。そして、そうした世界の〈存在〉は、対象がもつような（実在的とか中立的とか理念的といった）存在ではありえない。世界の〈存在〉は、対象（ノエマ）の存在とは、まったく別様なのである。それは、「措定」された存在ではない。世界はこの別様の〈存在〉、措定されたのでない〈存在〉、をもっている。

かくして、「世界意識の仕方と、物意識・客観意識……の仕方においては、原理的な区別が成り立っている」のである。いささか不思議に思われるかもしれないが、世界は、対象と同類のものではないのである。科学主義的・客観主義的に考える習慣に毒されていると、世界を対象と同類だと考えたくなってしまうかもしれない。しかし、その科学でさえ、世界（宇宙）をもっと柔軟に考えはじめている。そして、現象学はといえば、このように厳密に分析することによって、独自に（学問的に無前提に）、世界が対象とはまったく異なった不思議なものだということを発見したのである。

第五章　時間と空間の原構造

ここで、フッサール現象学の分析は大きく展開・転回する。思い出していただきたいが、超越論的主観性は、存在＝超越を構成するからこそ、超越論的だと定義されていた。ところが、右では、世界の〈存在〉は意識の存在措定によるものではない、ということが発見された。存在措定とは存在の構成（存在を認めること）であるが、世界の〈存在〉はこれに依存しないのである。これは、存在措定＝存在構成に先立って、それゆえ意識の働き（志向性）に先立って、世界は〈存在する〉――いや、すでに〈存在してしまっている〉――ということである。とすれば、世界はもともと志向的現象（志向性によって構成された現象）ではない、ということになるだろう。これを発見するとき、現象学は新たに始原する。

原受動性

意識の働き（志向性）には、これまで能動的なものと、受動的なものが知られていた。両者の区別は相対的なものにすぎないが、しかし、典型的に能動的なものとしては、言語的な述定が挙げられる。他方、典型的に受動的なものとしては、把持・原印象・予持の志向性や、キネステーゼ意識が挙げられる。世界地平は時間地平と空間地平から成り立っているが、時間地平は、把持・原印象・予持の志向性から、空間地平は、キネステーゼ意識の志向性から構成される。つまり、世界地平は、受動的に構成されるのである。しかし、受動的とはいえ、やはり志向的に構成されるものであることに変わりはない。

ところが、世界の〈存在〉は、その始原においては、意識の働き（志向性）そのものに先立っている。それは、受動性よりももっと受動的に与えられる。フッサールはこうした次元を「原受動性」と呼んでいる。世界の〈存在〉は、まずもって原受動性において与えられるのである。意識の働き（志向性）は、この世界の〈存在〉を元手にして、これを形成し直していくのである。このことを手引きにして分析をさらに進めるとき、従来の分析が大きく変更される。

時間の原構造（流れつつ立ちとどまる現在）

ここで思い出すと、かつてフッサールは、「超越論的主観性は、形而上学的な土台などではなく、その諸体験と能力をもったものとして、直接経験の領野である……」と述べていた。この超越論的主観性＝直接経験の領野が、発生的現象学において、さらに考古学的・遡及的に発掘された。そして、晩年のフッサールは、そうした遡及的問いの最終段階（原受動性）に到達して、こう述べる。「……遡及的に問う際に、最終的に、原ヒュレーの変転などのなかで原構造が生じており、〔そこには〕原キネステーゼ、原感情、原本能が伴っている」。

ここで言われる「原構造」とはどういうものだろうか。空間地平は受動的なキネステーゼ意識によって広げられた。この空間地平の構成は時間地平の構成に依存していたが、その時間地平は受動的な把持・原印象・予持の志向性によって幅をもっていた。しかし、今やついに、原受動性である。ここでは受動的志向性すらまだ働いていない。つまり、把持(や予持)も働いていない。ここは、「先志向性」の次元である。とすると、この次元では、すべては一瞬で変転し、一瞬で流れ去るのではなかろうか。つまり、「原ヒュレー」——これは、原連合を促し、後に規定(意味)へと構成されるもののことである——は、一瞬で消え去るように思われるだろう。時間は——古代ギリシャの哲学者ヘラクレイトスが「万物流転す」と述べたような意味で——「ヘラクレイトス的流れ」だとすれば、把持(や予持)が働かない原受動性では、結局のところ、「幅」を失って、数学的な「点」のようなものになってしまいそうである。なにか不安を掻き立てる、無の浸食といったイメージである。

ところが、である。その時間は、原受動性においてさえ(それゆえ志向性なしにも)、一瞬で流れ去ってしまうのではなく、それ自身が幅をもって「立ちとどまる」、あるいは立ちどまってくれる。最も根源的な現在(原現在)は、それ自身で「流れつつ立ちとどまる」。こうした状態をフッサールは「原構造が生じている」と表現したのである。これは、原受動性の次元で（志向性なしに、つまり、把持も予持もなしに、いわんや想起や予期や想像などまったくなしに）すでに現在の幅が生じているということを意味する。原初の時間（原現在）は、受動的志向性にすら先立って、幅をもちつつ生じているのである。これが、原現在としての「生き生きした現在」の原構造である。

しかも、そこには「原キネステーゼ」が伴っているとフッサールは言う。キネステーゼ意識は原初の空間を押し広げつつ空間地平を構成し、身体を構成するが、まだそうした構成を遂行していないキネステーゼ意識が「原キネステーゼ」であろう。

では、「原感情」とは何か。そして、「原本能」とは何か。晩年のフッサールは、フロイト的な無意識を現象学的に解釈し直そうとしていたようである。とすると、これらの概念も、そうした文脈において理解できる可能性がある。これについては、後述しよう。

空間の原形式（不動の大地）

さて、空間の場合には、原構造はあるのだろうか。おそらくこれに関連するものとして、フッサールは、空間の起源をめぐる研究草稿を残している。「コペルニクス説の転倒」という副題をつけられた一九三四年の有名な草稿である。

いちど自然科学の立場に戻って、そこから「下」へ降りていこう。コペルニクスは、それ以前の天動説に反対して、地動説を唱えた。ドイツ語で言えばErde（英語で言えばearth）が動くというのである。このErdeという言葉は、そもそも「土」とか「地」とか「大地」といった意味をもっていたが、現在では、太陽の周りを回る巨大な球体としての「地球」（Erdkugel）という意味ももつ。この地球という意味は、おそらく、コペルニクス的な地動説と相関的に生じたものだろう。そして、この地球は、無限に広がる宇宙空間のなかに位置づけられている。この宇宙空間が、物理学的な客観的空間であることは言うまでもないだろう。

しかし、現象学はそうした客観的空間の「起源」を直接経験に求める。そこでフッサールが見出したのが、根源的な語義でのErde（大地）である。直接経験においてまず与えられる大地は、動かない。というより、そもそも「動く」ということが言えるための条件として、大地は動かない。どういうことだろうか。

「動く」というのは、なにか（対象）がその空間位置を変えることである。ということは、「動く」ということが言えるためには、そもそも空間位置が与えられていなければならない。そして、空間位置は空間のなかの位置であるから、そもそも空間が与えられていなければならない。この空間が直接経験においてまず与えられている（あるいは開かれていると言うべきか）のである。そして、この空間をフッサールは大地と呼んだ。大地は、なにかが「動く」と言うことができるための条件だから、それ自体は、動かない。というより、大地が「動く」と言えるためには、その大地そのものが位置づけられる大空間が必要になってしまう。しかし、さしあたり、そうした大空間は与えられていない。したがって、大地は動かない。

これは、大地は静止しているということではない。「静止」は、なにかの空間位置が変わらないということである。とすると、静止ということが言えるためにも、やはり空間が前提条件になっている。しかし、大地はその空間そのものだから、この意味で、大地は静止しているとさえ言えない。

大地が動かないということは、なにかが動くあるいは静止するということを可能にしている条件である。そこで、フッサールは、大地が動くというコペルニクス説を転倒させるが、しかしまた、大地は静止しているという反コペルニクス説があったとすれば、この反コペルニクス説も同様に転倒させることになる。それでもなお、大地は「静止」していると言うのであれば、この場合の「静止」は、運動と対概念になる相対的な静止ではなく、絶対的な静止である。そして、（後に身体を構成する）キネステーゼ的な運動すらも、運動としては、この絶対的に静止した大地が与えられていることを前提にする。

さて、先にフッサールが、時間に関して、直接経験の最も根源的な次元において「原構造」が生じているということを見出していたことを述べた。空間に関しては、どうだろう。フッサールは当時の草稿で「場所〔＝空間位置〕の区別はすでに原形式において経験されているのでなければならない」と述べている。この「原形式」は、「原構造」と同様に解釈されてよいだろう。つまり、空間の志向的な構成に先立って、まず原初の空間が与えられるのである。この空間が、空間位置の区別を可能にする原初の形式（つまり「原形式」）としての役割を果たすわけである。かくして、原形式としての大地が、対象が「動く」(運動する)ということを可能にする。

しかしながら——ここからが重要だが——ひとたび、動くものとしての対象が注視されると、この対象が主題となり、逆に、大地のほうは隠蔽されてしまうのである。フッサールは、こんなふうに述べている。「〈下方の背景〉〔＝大地〕は、尽きることのない静止のうちにとどまりつづけるが、可動的なもの〔＝対象〕としては統覚されないと言えるだろう。しかし、どんな場合にも、運動が構成されるのは、〈下方の背景〉の隠蔽と一体になってのことである」。

そして、その後、より広い空間（空間そのものに「広い」という言葉を使うのは、そもそも不適切だが、こう言わざるをえない）が、客観的空間として構成される。とりわけ自然科学の巨大空間が構成されると、これのなかで大地すらも一種の可動的なもののように現われてくる。それが、虚空（宇宙空間）のなかを進みつづける「地球」である。地球として現われてきたものは、しかし、原形式としての役割を失っている。

明証性と隠蔽性

右で、原形式としての大地の「隠蔽」が確認されたが、原構造としての時間（生き生きした現在）については、どうだろう。やはり、同様の「隠蔽」が起こるのではなかろうか。つまり、それは、対象の主題化とともに覆い隠されるのである。そして、その後、より長い時間（時間そのものに「長い」という言葉を使うのも、やはり不適切だが）が、客観的時間として構成される。とりわけ自然科学の巨大時間が構成されると、これのなかで現在は（たとえばタイムマシンを作れば、私の現在だけがそのまま過去や未来に移動すると考えられて）可動的であるようなものとして現われてしまうだろう。だが、こうした現在は、原構造としての役割を失っている。こうした現在はもはや生き生きした現在でなくなっており、いわば死んだ現在となっている。

さらに、原受動性において与えられる原事実的なもの（形而上学的なもの）についても、同様の「隠蔽」が起こるだろう。高次の構成は、こうした低次のものを覆い隠しつつ、進行していく。

高次の構成が起きてはじめて、なにかが主題的になり、なにかが「外に」(ex) 出てきて「見る」(videre) ことができるようになる。言い換えれば、なにかが「明証的」(evident) になる。しかし、その構成は、主題的なものの背後に――こういう言い方が可能だとすれば――その可能性の条件を深く深く沈み込ませるのである。

高次の主題化的な構成が獲得する明証性は、じつは、この隠蔽や沈降をともなっている。先に述べたように、ガリレイ以後の科学的な高次の世界の構成は、低次の生活世界を覆い隠していた(逆に、覆い隠されたものは、それが覆い隠されてはじめて、求められる)。そして、このような事態の最根源にあるのが、原受動的・原事実的な次元である。いまやこれが問われている。だが、これを明証的に捉えようとするならば、それは隠蔽を伴う。とすれば、原受動的・原事実的なものをその現場で問う現象学(形而上学)は、明証性を新たに――隠蔽性と連携させて――考え直さねばならないはずである。このとき、ハイデガーの非‐隠蔽性としての真理の概念が甦ってきそうである。ただ、フッサール自身は、そうした明証性と真理の概念を展開しなかった。とはいえ、フッサールがこうした隠蔽に気づく鋭敏な感受性のようなものをもっていたということは、すでに理解されただろう。

原初の世界の先存在

晩年のフッサールは、受動的志向性にすら先立つ先志向的な次元（原受動性）において、時間の原構造と空間の原形式があらかじめ生じているということを発見した。そして、この原構造と原形式のもとで原ヒュレー（意味の先行形態）が与えられる。このように与えられるもの全体を、原初の世界と呼ぶことができるだろう。

そして、こうした原初の世界の〈存在〉を、フッサールは「先存在」という概念で表現する。これは、志向的に構成・措定される——後には言語化もされる——存在すべてに端的に先立っている。言い換えれば、これは、まだ実在的存在でも理念的存在でもないし、ましてや中立的存在でもない。しかし、これは、非存在（無）でもないし、また様相変化を受けた存在でもない。これは、これらの存在すべてに端的に先立って、端的に与えられてしまうような最も根源的な存在である。

しかし、まさにそうであるがゆえに、この先存在は、最も根源的な現実感とでもいったものも与えてくるだろう。言い換えれば、これは、志向性に先立つがゆえに、志向性によってはいわば如何ともしがたい現実感を押しつけてくる根源的超越である。逆に、構成段階が上昇すればするほど、この如何ともしがたい現実感は薄れていくことになる。志向的構成は、原初の現実感を失っていく。とりわけ、最高段階の理念化されたものは（理論上整合的なものとして受け入れざるを得ないとしても）その現実感は最も薄くなる。

構成段階が上昇すると、先存在は覆い隠されてしまうが、しかし、完全に失われるわけではない。それは（通常）、すべての構成段階に、いわば根底から現実感を与えつづける。生涯にわたって「現実」を求めたフッサールだが、晩年の彼は、その現実の究極の始原をこのような原初の世界の「先存在」に見たのである。

……しかし……、覆い隠される原初の世界の先存在が、万が一にも、構成段階の上昇の際に、完全に失われるということが起きてしまったら、どういうことになるのだろう。原初のものの隠蔽は、大きな「危機」を抱え込んでいるのではなかろうか……。

原初の世界と自我の成立（誕生）

原受動性では、志向性はまだ働いていない。それは「先志向性」の次元である。それゆえ、ここでは、自我はまだ成立していない。自我は、志向性（縦の志向性＝内的把持）が働くことによってはじめて成立するからである。この状態は、「先自我」あるいは「原自我」などと表現される。

では、自我はどのようにして成立するのだろうか。この問いに関して注目されるのが、一九三三年のある研究草稿である。

ここでは、フッサールは、まず、時間の「原構造」の代わりに「時間的統一」という言葉を使いつつ、「原自我」においてすでに「時間的統一」が形成されていることを確認する。原構造・時間的統一がすでに形成されているかぎり、原ヒュレーは、次々に瞬間的に消滅してしまわず、ある種の緩やかなまとまりを形成することができる。こうした統一性をもった原自我が、自我が成立するように「触発する」。つまり、先志向的体験でも、原ヒュレーは緩やかなまとまりをもつことができ、この状態が、志向的な中心化としての自我を生じさせるように準備し、穏やかに刺激しつつこれを促すのである。この状態は、もしこういう比喩が許されるならば――じつはこのように心理学的な外部の視点を取って語ることは現象学的には許されないので、「自分自身で考える人」としてのあなたには適宜読み換えていただきたい――、母体内から胎児・乳児が成立してくるような状態であろう。ある種の恵まれた環境のなかで、自我の受胎あるいは誕生が起こるのである。原受動性は自我の母胎である。

次に、このように触発されて成立した自我は、「第一次的時間化」を遂行する。つまり、受動的な志向性を発動して、把持・原印象・予持からなる時間（現在）を構成し、これのなかにおのれを位置づけるのである。ここでも比喩を許していただけば、幼児段階であろうか。

その次には、このおのれの活動によってさらに触発されて、「第二次的時間化」を遂行する。つまり、想起をつうじて客観的時間を構成し、そのなかにおのれを位置づけるのである。こうして、私たちが自我と呼ぶものが成熟する。

しかし、こうした二段階の時間への位置づけをつうじて、超越論的自我は、一種の個体と化して、言い換えれば、経験的自我として、現われることになるだろう。とすれば、この位置づけは、自然的態度の起源でもある。さらに、この過程を空間への位置づけと絡めれば、自我は今とここに位置づけられて、自然的態度が完成する。

さて、カントは、超越論的統覚の自我が主観性にあらかじめ備わっているとみなしたが、その自我も、フッサール的に見れば、右のような「発生」の過程を経て成立したのである。そして、このような過程は、（横方向に流れる客観的時間のはるか遠方に）すでに失われたわけではなく、自我のなかに（時間そのもののいわば縦方向の構成のなかに堆積して）残存している。

ところで、先に一言だけ触れたが、ハイデガーは、『カントと形而上学の問題』において、カントを現象学的に解釈しながら、時間の自己触発によって自我が成立するという議論を展開していた。フッサールは、一九二九年にこの書物を読んで数年後にこの一九三三年の草稿を残している。じつは、これを読んだ当時のフッサールはハイデガーに批判的だったのだが、しかし、右のような事象を発掘するときにハイデガーのカント解釈がフッサールのヒントになったのかもしれない。

さて、フッサールの分析に戻ると、原構造のもとでの原ヒュレーの変転が母胎のように働いたわけだが、しかし、このことにはなんの必然性もない。たとえば、原構造が弱く、原ヒュレーがほとんど瞬間的に消滅し、また、まったく未知の原ヒュレーが次々に到来するといった、万華鏡的・モザイク的な状況であったならば、原受動性は、(必要最低限の安定性とまとまりを与えて)自我を成立させるどころか、逆に、バラバラに解体してしまうだろう。とすれば、自我の成立というのは、なぜかこういう事態が起こらなかった、むしろ、なぜか母胎的な状況が与えられたということの結果でしかない。

たしかに、自我(私)が成立しているということは、認めざるをえない。ただし、このことに必然的な理由はない。ただ「事実」としてそうなっている、というだけである。しかし、仮に自我が成立しなかったならば、現象学も不可能だし、このような議論自体も不可能である。この「事実」は、すべての構成を支える最も根源的な事実であり、それをフッサールは——すでに述べたように——「原事実」と呼んでいた。なによりも、私が存在するということは「原事実」である。しかし、その私を存在させるような時間/世界が先存在するということも、（最根源的な）「原事実」である。

コーヒーブレイク　贈与・保有・遊戯

この原事実は、原事実という以上のことを言うことを許さないものだが、それでも、この原事実についてある種の「解釈」を施すことはできる。コーヒーブレイクには重いテーマだが、濃いエスプレッソのつもりでお読みいただきたい。

たとえば、ハイデガーは、存在を「エス・ギプト」（es gibt）だと解した。エス・ギプトは「……がある」を表わすドイツ語だが、これは「……与える・贈与する」（geben）という語を含んでいる。この贈与をハイデガーは強調する。存在は――主観が構成するのではなく――それみずからが贈与すると解釈されるのである。この贈与はもちろん必然性なき贈与である。そして、これに対して人間が取る本来的な態度は「感謝」（danken）と「思索」（denken）と「詩作」（dichten）だということになるだろう。

フッサールの時間／世界はどうだろう。これも、自我が構成する以前に先存在し、しかも、自我を存在させるのだから、やはり贈与するということになるだろう。フッサールの原事実は贈与である。

しかし、こういう贈与に反対する解釈もある。たとえば、レヴィナスは、主体（自我）は、「イリヤ」（il y a）という不快な存在から脱出することによって成立すると考える。イリヤというのは、フランス語の「……がある」を表わす言葉であるが、これは「……をもっている」（avoir）という語を含んでいる。イリヤは、おのれの手元に保有したまま、なにも贈与しない存在である。だから、それは、主体（自我）も存在させない。

ただ、レヴィナスのイリヤは、贈与しないが、だからといって、奪うというわけでもない。それは、主体（自我）を誕生させないが、しかし、殺すわけでもない。それは無関心なのである。そこに主体（自我）が成立するとすれば、それはまったくの偶発だということになるだろう。レヴィナスの原事実は無関心である。

また、フィンクは、世界は、贈与する（geben）とともに奪う（nehmen）と解した。世界は、人間に誕生を贈与するとともに、それを死という形で奪う。もちろん、このことにも、なんの必然性もない。世界の遊戯（遊び・戯れ）である。人間は、世界の遊戯によって、生まれて死ぬ（人間の行なう遊戯は、世界の遊戯の反映である）。フィンクの原事実は遊戯である。

原事実はこのように多様に「解釈」される。フッサールは、晩年の「形而上学」の構想において、こうした誕生と死の問題を考察しようとした。それは「解釈」という仕方においての考察だったのだろうか。それとも……。

いずれにせよ、フッサール自身の死によって、この考察は私たちに委ねられることになった。

「自分自身で考える人」としてのあなたは、どう考えるだろうか。

第六章　他者の現象学

「他者」という言葉は、いささか翻訳語調であるが、しかし、近年はどうやら定着したように思える。さて、フッサールも（フッサールこそ）他者の現象学に取り組んでいる。他者という言葉は、フッサールでは、他の自我（他我）と、自我（私）に疎遠なもの・異質なものという二つの意味をもっている――というより、他者というものには、この二つの側面が含まれているのだろう。他の自我というのは、自我と本質的共通性をもった別の個体を意味する。異質なものというのは、自我と本質的共通性をもたないもの（「異他的なもの」と呼んでおこう）を意味する。他者が現われるときには、この共通性と異他性が同時に問題になる。

この他者を探求することによって、現象学は新たに始原する。ところが、フッサールの他者の現象学を正しく捉えた本は、じつに少ない。基本に返って、正しく捉え直してみよう。

フッサールの他者論の根源的着想（諸現出と現出者の相関関係の拡張）

まず、フッサール現象学全体の根源的着想を再確認しよう。第一に、その外部の存在（超越）をエポケーしておいたうえで、マッハ的光景に帰る。これが超越論的還元だった。このとき、第二に、このマッハ的光景＝直接経験は志向的体験である。つまり、ここでは、諸現出が突破されて現出者が構成されるのである。

フッサールは、こうした現象学の根源的着想を確立したのとほぼ同じ頃、すなわち、ほぼ一九〇八年頃から、他者の現象学を構想しはじめた。他者の現象学の根源的着想も、この脈絡から理解されねばならない。

ひとまず還元以前の（人格主義的態度の）生活に戻ると、そこでは、私は他者と出会い、「あなた」と話しかける。たいてい、その他者も「私」と言う（彼はまさに「他我」である）。こうした人称的・人格的な関係は幾重にも織りなされている。ここでは、他者の存在はほとんど自明の事実である。では、還元すると、いったいどうなるのか。簡単である。心理学的に二人の人間を並べるのではなく、マッハの絵のなかにあなたの身近な人物の像を描き込んでもらえればよい。大雑把には、これが還元された他者の光景である。

これで何か変わったのだろうか。たしかに二人の人間が同じように横に並ぶことはなくなり、他者が私に見えているということになったが、しかし、それ以外ほとんど変わっていないように思えるかもしれない。だが、志向的体験（志向性）の問題がある。フッサールは、これを勘案しながら、「記憶と自己移入の平行関係」を問おうとしたのである。さらに詳しくは、どういうことだろうか。

マッハ的光景は、現象学的には、直観経過を含む。つまり、現出は次々と経過していく。経過した諸現出は、原印象には属さない。しかし、それらは記憶＝把持によって与えられる。そして、自我は、それら（記憶によって与えられた）諸現出を突破して、同一な現出者を志向的に構成する。さらに、この方向で歩を進めて、自我は、（記憶によって与えられた）世界地平的な諸現出を突破して、同一な世界を志向的に構成する（こう考えると、世界は一種のノエマだということになるが、フッサールは晩年になるまでは、世界をノエマのように捉えていた）。

いずれにしても、このような構成は、全体として、自我に帰属している。フッサールが他者の現象学において当初問題にしようとしたのは、こうした自我に属する諸現出と現出者の関係を、さらに拡張することであった。

つまり、まず、自我は、直接には自我に属さない諸現出、他者に属する諸現出を（把持に類比的な自己移入によって）受け取る。そして、自我は、その（自己移入によって与えられた）諸現出を突破して、自我と他者にとって同一な現出者を志向的に構成する。さらに、この方向で歩を進めて、自我は、（自己移入によって与えられた）世界地平的な諸現出を突破して、自我と他者にとって同一な世界を志向的に構成する。

要するに、自我は、把持的諸現出を媒介・突破して現出者を構成するだけでなく、自己移入的諸現出を媒介・突破して（他者と共通な）現出者を構成するというのである（図9参照）。こういうことを当初のフッサールは考えていた。

図9

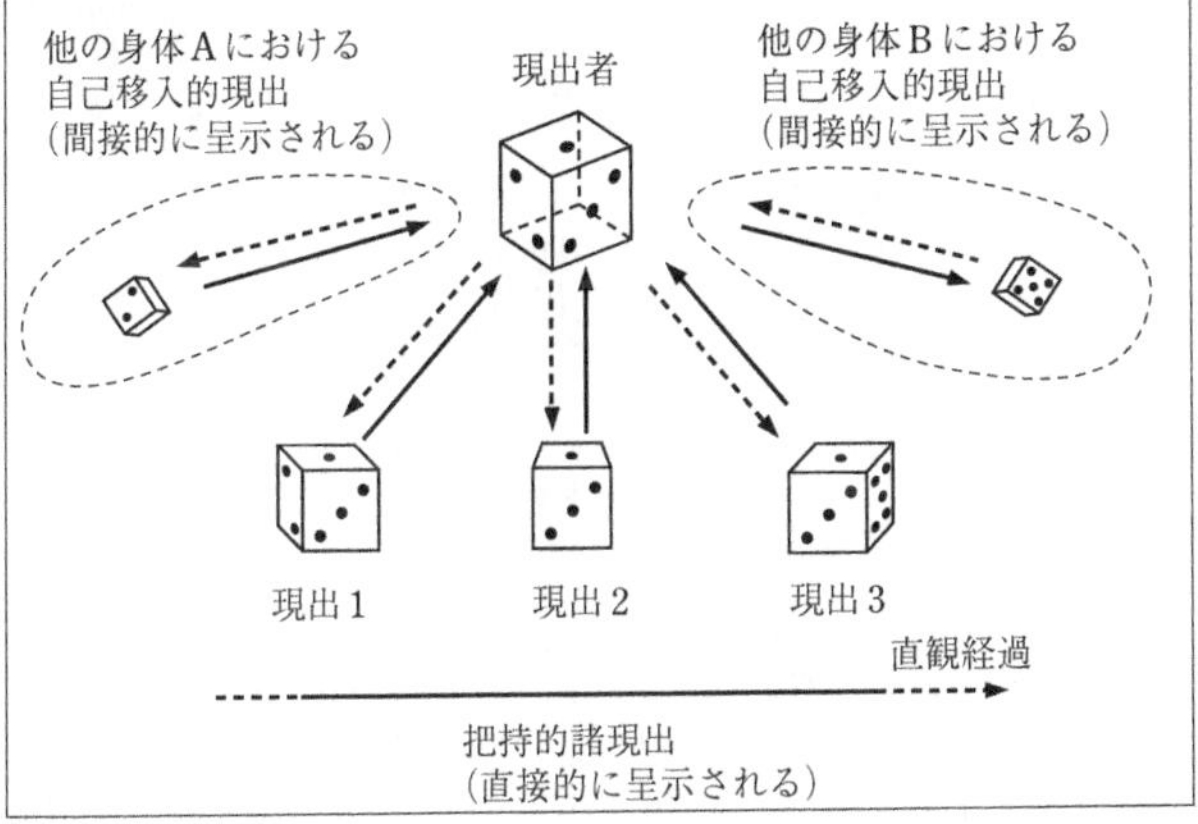

ライプニッツとフッサールのモナド論

右のようなフッサールの他者論は、ライプニッツと深く関係している。ライプニッツの基本著作のひとつに『モナド論』があるが、フッサールも他者論を「モナド論」として展開している。このことを思えば、両者の関係の深さがわかるだろう。だが、フッサールの他者論はライプニッツの『モナド論』のなかのどの部分と関係しているのだろうか。

従来、たとえば、ライプニッツのモナドが窓をもたないのに対して、フッサールのモナドは窓をもつといった点に光が当てられていた。しかし、このような相違は、大同のなかの小異にすぎない。両者の基本的発想は大きく重なっている。とりわけ他者問題に関して決定的に重要なのは、以下のようなライプニッツの着想である。

「同じ町も、異なった方向から眺めると、まったく別の町に見えるから、それは、ちょうど遠近法的に多様化されるといったような具合になるが、同様に、単一な実体〔モナド〕が無数にあることによって、それと同じ数だけの互いに異なった宇宙があるといったことになる。しかし、それは、唯一の宇宙を、各モナドの各視点から眺めるときに、そこに生じるさまざまな遠近法にほかならない」

現象学的に理解するならば、ここでは、「同じ町」という「現出者」と、その多様な（遠近法的）「諸現出」との相関関係が語られている。つまり、「同じ町」という「現出者」は、多様な（遠近法的）「諸現出」を突破して、構成されるのである。こう見れば、これは、フッサールの根本的着想（普遍的な相関関係のアプリオリ）と同じである。そして、これはひとつのモナドの内部での構成である。

しかしまた、ライプニッツでは、この着想が、ひとつのモナドの内部から――「同様に」という言葉を挟んで――「各モナド」の相互関係にまで拡張されている。つまり、各モナドは、それぞれ多様な（遠近法的な）「互いに異なった宇宙」をもつが、それらを突破して、すべてのモナドに共通な「唯一の宇宙」が構成されるのである。まさにこのライプニッツの発想がフッサールの他者論と結びついているわけである。少なくともフッサールはそう理解した。このようなライプニッツ／フッサール的発想にもとづいて、フッサールは、すべてのモナド（超越論的自我）に共通な「間主観的に同一な物」が構成され、さらには「唯一の客観的世界、唯一の客観的空間、唯一の自然」が構成されると考えたのである。

だが、それにしても、この考え方は、いわば拡大された独我論ではないのか、ここには異他的な他者との出会いが欠けているのではないか、という疑問が残るだろう。これに答えるのは、後述の異文化的な他者との関係をめぐる分析である。

リップスとフッサールの自己移入論

ライプニッツ／フッサール的発想が成立するためには、しかし、マッハ的光景のなかに現われている人物像において、そのモナドにとっての現出が看取されねばならない。たとえば、その人物像がただの銅像であったならば、私はその人物像において現出を感じないだろう。これでは、他のモナドにとっての現出が得られない。その人物像は、その現出をなんらかの仕方で感じさせるもの（身体）でなければならないのである。

まさにこの「仕方」に関して、フッサールはテオドール・リップス（一八五一〜一九一四年）の「自己移入論」を批判的に導入した。リップスの自己移入論は、芸術作品において、鑑賞者が自己を移入して、それを理解するといった場面で登場する。したがって、かなり高次の心的（精神的）作業でもある。

これに対して、フッサールは、この自己移入論を、美学的（エステーティッシュ）で心的（精神的）な理解から、感覚論的（エステジオローギシュ）な身体の知覚という低次段階にまで引き下ろす。つまり、マッハ的光景において言うならば、フッサールの自己移入は、人物像を（他の）身体として知覚させ、さらに、その身体において（他の）現出を感じ取らせるものなのである。したがって、フッサールの自己移入論は、厳密には、人物像を（他の）身体として知覚させるという契機と、そこに（他の）現出を感じ取るという契機とをもっている。

このような自己移入——あるいは「感入」とも呼べる——がじっさいに起きていることが確認されれば、現出は、自我に属した現出だけでなく、他者のもとで感じ取られる現出にまで拡張される。そして、それらの現出を突破して、他者と共通の「同じ対象」、さらには「同じ世界」が構成される、というわけである。「記憶と自己移入の平行関係」という着想が、これでよりよく理解していただけるのではなかろうか。

1、『デカルト的省察』の自己移入論

さて、フッサールは、長らくこの構想を温め、多くの研究草稿を書いたり、講義で論じ

たりしていたが、著作的な形では一九二九年の『デカルト的省察』においてはじめてこの自己移入論を呈示した。しかし、これは、ただちに多くの批判を浴びることになり、しかも、フッサール自身もただちにその改訂を試みた。この構想は、長らく考えられてきたが、なお不十分だったのである。それほど困難な事象に現象学は直面している。

『デカルト的省察』の自己移入論は、こう要約できる。身体として知覚されるのは、元来、自我の身体だけである。これに似た物体が現われたとき、自我の身体との「対化」(一種の連合/連想)が起こって、それは自我の身体から身体という「意味」を移し入れられる。そして、自我は、そのことによって構成された他の身体において、他の現出を感じ取る(この現出は「間接的に呈示される」とも言われる)。この場合、そこに感じ取られる現出は、「私がそこにいたならば」得るであろうような現出だ、とされる。

2、原初の自己移入(原区分を含んだ癒合性)

この議論への批判は多々あり、ここでは逐一紹介できない。しかし、ひとつの決定的なポイントだけは指摘しておかねばならない。それは、フッサールはなるほどリップスよりも低い感覚的な次元(あるいは受動的な次元)に自己移入説を移動させたが、しかし、それでも『デカルト的省察』まではなお不十分だったのではないか、という点である。

そもそも、他者の身体は、自我の身体（あるいは自我と身体）の「意味」が構成された後で、「ここ」にある自我の身体から「そこ」にある物体に身体という「意味」の転送を行なうことによって構成されるのだろうか。言い換えれば、自我による身体の「意味」の構成とその「空間位置」の構成が終わった後で、他者の身体が構成されるのだろうか。むしろ、それよりもっと低い段階、自我がまだ成立していない原受動的・先志向的な次元では、これとは異なったことが起きるのではなかろうか。つまり、（後に自我のものとして構成される）身体ヒュレーと（後に他者のものとして構成される）身体ヒュレーが「原身体」として癒合しあうといったことが起こるのではなかろうか。

もう少し詳しく言うと、この次元では、キネステーゼ意識が発動しておらず（「原キネステーゼ」の次元）、それゆえ、空間内の「ここ」に位置づけられて個体化された身体も、まだ構成されていない。しかし、そうだからこそ、この次元では、「ここ」と「そこ」の区別も大きく弛む。もちろん、「ここ」と「そこ」がまったく区分されていないというわけではないが、しかし、両者が同一化されているわけでもない。きわめて緩やかな区分、フッサールの言葉で言えば、「原区分」といった程度のものが成立しているだけである。

また、この次元では、身体ヒュレーは、まだ「意味」へと仕上げられていないし、また、ひとつの基体へと収斂させられてもいない。むしろ、キネステーゼ意識の主観的・運動的成分（K成分）も客観的成分（b成分）もまだ十分に分化しないまま、感覚されている。この状態と、右の「ここ・そこ」の緩やかさが相俟《ま》って、（後に自我の身体へ構成される）身体ヒュレーと（後に他者の身体へ構成される）身体ヒュレーがいわば浸透しあっているのである。言い換えれば、身体ヒュレーの癒合状態である。

志向的中心化としての自我が（そしてまたキネステーゼ意識が）まだ活動していない次元でこそ、こうしたことが起こる。フッサールは、こうした状態を「一般的意識」といった言葉でも表現している。他者経験の原初形態は、このような状態ではなかろうか。

フッサールは晩年にこのような状態を発掘した、と私は考えている。しかし、いささか理解しにくい状態かもしれない。もう少しわかりやすくするために、ここでも強引に外的・心理学的な比喩を用いるならば、これは、乳児が（母）親に抱かれて、一体化しているような状態である。もちろん、これは現象学的にはあくまでも「超越論的な『子供的存在』」として内的に理解され直さねばならないのだが。

さて、このときには、先述とは別種の「記憶と自己移入の平行関係」が生じている。すなわち、過去に向かう志向的な「記憶」（把持や想起）がまだ発動していない次元でも、現在は瞬間的に流れ去らず（忘却されず）、立ちとどまってくれる。この立ちとどまりの意味で、原初の記憶がすでに成立している。これと平行的に、他者に向かう志向的な「自己移入」がまだ発動していない次元でも、原初の空間に充満した自他の身体ヒュレーの癒合性が生じている。この意味で、原初の自己移入がすでに成立しているのである。

3、キネステーゼ意識による自我中心化

しかし、右のような癒合性から後に自我が成立すると、その自我は、中心化機能を発揮して、すべてを自我中心的にとりまとめていく。とりわけ、キネステーゼ意識の発動と、それにともなう自我の身体構成は、現出を自我の身体運動に従うものとさせていくため、自我中心化・身体中心化を強く押し進める（逆に言えば、キネステーゼ意識発動以前の「原キネステーゼ」の次元においては癒合性が強い）。そして、このことによって、自我・身体は、おのれを客観的空間の「ここ」に位置づけて、個体化する。

しかしながら、キネステーゼ意識による中心化が強まっても、（通常は）癒合性が完全に失われることはない。それは、構成の高次段階（成人的な自我）にいたっても残存する。自我・身体の個体化は、対象の個体化のように完全には遂行されない。それゆえ、「そこ」に現われる身体ヒュレーは、成人的な自我にとってもなお原初の共同性を感じさせる。フッサールの自己移入論は、このように理解されてこそ、甦るだろう。

……しかし……、構成段階の上昇の際に、万が一にも、原初の癒合性が完全に失われて

しまったら、どういうことになるのだろう。自我は、完全に個体化して、完全に自立化し、最も「強く」なるのだろうか、それとも……。ここにも「危機」が潜んでいるのではなかろうか。

ディルタイとフッサールの精神(文化)世界

『デカルト的省察』での他者論は、異文化の他者についての議論につながっている。異文化的他者の問題は、一方でディルタイに深く関係しており、他方でフライブルク時代以後のフッサール自身の直接経験(日本人を含む外国人との交流)にも深く関係している。この異文化的他者の問題は、現象学的他者論にとってきわめて重要だが、これまで十分に示されていない。少し詳しく見てみよう。

自我と他者たち(要するに私たち)は、行為や言語をつうじて互いにコミュニケーションをとり、互いに理解しあいながら、共通の精神世界＝文化世界を形作って、それになじんでいる。そして、新たな他者が登場しても、私たちはこの延長線上でその他者を(私たちと同類のものとして)理解するだろう。ここまでは、ディルタイと重なる分析である。

1、共通な文化世界から異他的な文化世界へ

ところが、フッサールは、この分析を出発点にしながらも、独自に、そうした共通性をもたない他者の可能性も認めている。つまり、「同じひとつの世界に属する人間たちが、互いに関係の薄い、あるいは互いにまったく関係のない文化的共同体にそれぞれ生きていること、したがって、彼らがそれぞれ異なる文化的周囲世界をそれぞれ具体的なもろもろの生活世界として構成している……」といった可能性は排除されない。いや、単なる「可能性」としてだけでなく、「事実的に」こうしたことは排除されない。

ここで、一方では「同じひとつの世界」と、複数形の「もろもろの生活世界」とが語られている。しかし、世界は本来、唯一的である。とすると、「同じひとつの世界」と「もろもろの生活世界」の関係は、さしあたり、現出者と諸現出の相関関係のバリエーションとして理解されるだろう。

しかし他方で、フッサールの問題提起には、右のことに汲み尽くされない内容が含まれている。他の文化的共同体に属する人が、私とは異なる文化的周囲世界を構成しているのであれば、私は、その人にはじめて出会ったときには、その人が構成している世界を知らないのではなかろうか。もちろん、私が、その人の言葉をつうじて、いや、(言葉は通じなくても)その人の「行為」などによってその人を理解できるならば、そのときすでに、

その人は（広義で）同じひとつの世界に属しているとみなされているだろう。しかし、さらに、その人の行為さえも私が理解できないということがあるだろう。こういうときに理解不可能性が登場する。そして、理解不可能性によってこそ、その人がまさに自分とは異なった世界を構成しているいわば異邦人的な他者であるということが経験されるのである。このときには、この他者の異邦人性（異他性）が噴出してくる。理解できないということは、異他性の特性である。

2、異他性の出現

異他性がはじめて現われた瞬間のことを、フッサールはこんなふうに述べている。「今はじめて見知る、あるいは見知るべき〈異他的なもの〉は、その具体的なスタイルにしたがって直ちに理解可能なものではない。……むしろ、〈異他的なもの〉はまずもって〈理解不可能に異他的なもの〉である」。

フッサールは――右で暗示しておいたように――理解可能性と理解不可能性を、「故郷的」（heimisch）と「異他的」（fremd）という概念、あるいは「故郷」（Heimat）と「異他的なもの」（Fremdes）という概念と重ねる。故郷的なものとは、自我がこれまでなじんできたものである。他方、異他的なものとは、故郷に属さないもの、なじみのないものである。これらをフッサールは重ねて、「故郷と異他的なものは、理解の区別を表わす」と言う。つまり、故郷的なものは理解可能だが、異他的なものは理解不可能なのである。「故郷的‐理解可能なものと、異他的‐理解不可能なものとの区別」がここで際立ってくる。だが、「理解可能」と「理解不可能」の区別は、現象学的には比類のない区別である。たとえば白と黒の区別の場合には、両者は対立しているが、しかし、両者ともに色として「理解可能」である。ところが、「理解可能」と「理解不可能」の区別は、白と黒のような区別ではない。「理解不可能」は、まさに理解そのものを超えてしまっているからである。

ひとつの文化的周囲世界になじんだ者が、こうした異邦人的他者の理解不可能な異他性に出くわすならば、それはきわめて不気味だとして感じられるであろう。「不気味」というのは、ドイツ語で unheimlich（ウンハイムリッヒ）と綴る。この語に含まれる Heim（ハイム）は、英語の home（ホーム）に対応し、家や故郷を表わす。この言葉から heimlich（ハイムリッヒ）が派生する。この語は——今日では「内密に」といった意味をもつが、語源的には——家的・故郷的といったことを意味した。したがって、それは、なじみ深いことも含意した。異他性に出会う以前には、こうした意味での「なじみ深さ」が「原感情」として支配的だったのである。

ところが、そこに、なじみ深くないものが現われるとしよう。それが、heimlich でないもの、un-heimlich なもの、非故郷的・不気味なものである。不気味という言葉は、非故郷的でなじみがないということと深く結びついている（ちなみに、フロイトにとって、unheimlich なものは、かつてなじまれていたものがいちど「抑圧」されて、それがその後回帰してきたときに生じるのであり、それゆえ、unheimlich の un は「抑圧」の印だったが、本書の文脈では、un は、なじみのないものとの「遭遇」の印である）。そして、異他性との出会いにおいては、この不気味さの感情が支配的となる。

　こうしたものと遭遇した瞬間、私（自我）はそれを理解できない。あるいは、私はそれを構成できない。異他性とは構成不可能性である。こういうものと遭遇してしまうと、私は、その異他的な他者とのあいだに理解不可能性の深淵が口を開けていると感じる。フッサールは時として、私（の世界）と他者（の世界）のあいだには「私が現実には超えることのできない深淵」が広がっているのではないかと自問し、それどころか、こうした言葉でさえ「なお不十分だ」と言ったりするが、こうしたフッサールの言い回しは、理解不可能な異他性との遭遇の瞬間にこそ、その真の意味を示すだろう。

　この場合、こうした異他性との遭遇を、超越的・上空飛行的な外部の視点（たとえば神の視点）から見てはならない。そう見てしまえば、それは、神にとっては既知のもの同士が出会うような（平凡な）イメージで理解されてしまうだろう。ところが、現象学は、そうした視点を還元している。つまり、マッハ的な光景（超越論的視点）の内部からこの遭遇を分析しているのである。いや、異他性は、神の視点ではそもそも現われることができず、この光景の内部においてこそ現われうると言うべきだろう。そして、この光景から外部に出られない私は、いつも異他性と遭遇する可能性をもっている。

3、他者理解と自己理解と巨大な唯一的世界

異他性に遭遇したとき、私は、たいていの場合、それをなんとか理解しようとし、なんとか構成しようとする。このとき、それの主題化が起きる。と同時に、私は、それとの対比において、私の故郷世界を主題化しようとする。これ以前には、私の故郷世界は、なじみ深いものではあっても、それとして主題化されてはいなかった。それは、非主題的なままに、なじみ深いものになっていた。それは、まだ異他的な世界を知らない故郷、「原故郷」だった。これが主題化されるには、異他的なものが登場しなければならない。異他的なものとの対比のなかではじめて、原故郷は「故郷世界」として主題化される。フッサールは言う。「故郷世界としての最初の形式における宇宙が際立ってくるのは、ただ、すでに他のもろもろの故郷世界、他のもろもろの民族がともに地平のなかに存在するときだけである」。

同様にして、私たち自身も主題化される。「多くの異他的な民族を見知ることによって

……、異他的な民族の固有性に対立する、おのれの民族の現存在を自己理解するということへの固有の関心が生じる」。主題化としての自己理解には、異他性の登場が先立つのである。言い換えれば、heimlichなものも、それが主題化される以前は、内密のものであった。とすれば、主題化以前には、じつは、いわばur-heimlichなもの――原故郷的(ur-heimatlich)なもの――が「抑圧」(と言ってよいならば)されているのである。

さて、異他性の理解はどうだろうか。それは、遭遇の瞬間には、理解不可能だった。私はたいてい、なんとかして異他性を理解しようとし、他者が構成している世界を理解しようとする。そして、他者の世界がなんとかして間接的に呈示されるように努める。このために、私は、他者とのあいだに最低限度の共通性を求めようとする。たとえば、精神的＝文化的なものに共通性が見出されなくても、「物」の扱い、「物」の構成は共通であろう。このようにして、たいてい、なんとか「既知性の核」における共通性が見出される。そして、「異他的なものの理解不可能性から、理解への移行」が生じる。

そして、このとき、私は、他者の新たに理解された（なんとか主題化された）世界と、私がそれまで非主題的になじんでいた（しかし今はじめて主題化された）世界を、ともに包摂するような、いわば巨大な世界を構成する。これが成功したときにはじめて、両者は「同じひとつの世界」の別様の「現出」（それぞれの文化的周囲世界、それぞれの生活世界）をもっているということになる。そして、このときから、この巨大な世界のなかで、新たな――しかし変様された――なじみ深さが形成されていく。

ただしかし、他者の新たに理解された（主題化された）世界と、私の主題化された世界は、厳密には、もはや「世界」ではなく、巨大な世界のなかに位置づけられて――それゆえ複数的でありうる――一種の対象（ノエマ）のようなものになっている。本来の意味で「世界」と呼べるのは、それ自体としては対象のように主題的にならない、唯一的なものである。

4、世界の三段階的構成と異他性の理解

再確認しよう。世界は、元来、唯一的である。原故郷も、非主題的なままに唯一的である。ところが、異他的なものとの遭遇によって、世界は複数化し、諸世界となる。ただし、複数的な諸世界はすでに本来の世界ではない。これらの複数的な諸世界は唯一の巨大世界のなかに包摂される。このとき、複数的な諸世界はまるで唯一の巨大世界の「諸現出」であるかのように理解される。だが、唯一の巨大世界そのものは、諸現出を突破して構成される現出者ではないし、ノエマでもない。それは、すべての現出者（ノエマ）を包摂する非主題的で唯一的な巨大地平である。

こうして、世界は、他者との関係において、いっそうダイナミックな構成過程を辿るこ

とになる。その過程の各階梯を、私は、「原単数性」、「複数性」、「超単数性」と特徴づけているのだが、これもご理解いただけるだろう。他者との遭遇のたびごとに、世界はこのように三段階的に構成し直されるのである。

さて、ケアンズというアメリカの現象学者が、晩年のフッサールとの会話を伝えている。「〔ハンス・〕ライナーは、未開の人間たちと文明化された人間たちとの『異なった諸世界』について語った。〔これに対して〕フッサールは言った。そのフレーズは興味深い意味をもっているかもしれないが、危険です。厳密に言えば、二つあるいはそれ以上の現実世界について語るのは、ばかげています。まさに他の心といったものが現象的に存在するための諸条件は、すべての心が〈ひとつの同一な形式存在論的な構造をもったひとつの同一な世界〉をもつということを保証するために、十分なものなのです」。言い換えれば、他の心とそれが構成する他の世界が――私の世界と並んで――現出することができるということと、超単数的な巨大な唯一世界が構成されてその内部にそれらが配置されるということとは、結局、同じことなのである。もし超単数的な唯一世界が構成されなかったら、それらはいったい「どこ」に現われることができるのだろうか。それが現われる（現象的に存在する）かぎりは、超単数的な唯一世界が必ず構成されているのである。かくして、この二つのことは、同じことなのである。

これまで「事実」としては、私は、この構成に「成功」してきた。そして、その構成が成功すると、理解不可能な異他性は消え去り、理解可能性が現われてくる。あるいは、異他性は、遭遇の最初の瞬間だけに現われ、直ちに消滅すると言ってもよい。私が・異他性を・理解するということは、このようなことにほかならない。

……しかし……、万が一にも、私がこの構成に「失敗」してしまったら、どういうことになるのだろう。その場合には、私にとって異他性は理解不可能な異他性そのままにとどまるだろう。それは、経験不可能な経験とでも言うべき状態だろう。この状態――これはまた、なじみ深さがまったくない状態でもある――は、途轍もなく不気味である。

ここでも、外的視点に立って心理学的な比喩を強引に用いるならば、理解不可能ななにかによって心的外傷（トラウマ）を受けた人の場合には、このような事態が起きているのかもしれない。フッサールは、右の構成は基本的に「成功」すると考えていたが、しかし、「成功」は必然的ではないし、保証されているわけでもない。これまでの成功は、アプリオリではなく、アポステリオリな単なる「事実」にすぎない。それが、経験そのものを可能にする「事実」（原事実）だとしても、それは、経験を不可能にする条件との遭遇をあらかじめ排除しない。とすれば、異他性との遭遇は、構成における最大の「危機」ではなかろうか。この問題次元は、現象学的な形而上学においてさらに拓かれていくだろう。

第七章 現象学的形而上学と事実学的諸問題

経験的事実学としてのフロイトの精神分析

フッサールは、学問の基礎づけのために直接経験に立ち戻った。そして、それを受動性、原受動性へと向けて掘り下げていった。こうした掘り下げは、遡及的と呼ばれる。そして、その直接経験の最終的な始原を支えるいくつかの原事実を発掘・発見することになった。そのとき、超越論的自我の成立（誕生）といったことさえ見出されてきたのである。そこからフッサールは、今度は前進的に構成を問うていき、異他性との出会いの事実を発見した。こうした原事実や新たな事実が私たちの経験全体を支えている。このことがフッサールを深く魅了したのだろう。だからこそ、フッサールは、現象学的な事実学（形而上学）において、これらを問おうとした。誕生、死、自我、間主観性、世代、歴史、世界唯一性……、これらが、最晩年における彼の形而上学の諸問題である。

だが、これを深く問う前に、彼に人間としての死が訪れた。その死を伝える手紙には、「彼の生と彼の死は、静かなる英雄の行でした」と記されていた。生前、フッサールは現象学をこんなふうに規定していた。それは「学問の無限性であるところの体系であり、また、すべての将来の世代にとって、新たなしかもつねに新たな発見がなされるための輪郭にすぎないところの体系」であり、「もろもろの発見の無限性のための方法と図式」である。現象学は、将来の世代が新たな発見をするための輪郭あるいは方法と図式にすぎなかったのである。私たち、後の世代の者は、新たな発見をしつつ、フッサールの歩みをさらに進めることができるだろうか。

私も、気概だけはフッサールに倣って、努力してみよう。この場合、断片的な上記の諸問題を強引に再構成するよりも、私なりの問題意識から事実学的問題を提起してみたい。より具体的には、フッサールとともにウィーンに深く関わったフロイトの議論を取り上げてみたいと思う。

フッサールはフロイトを読んでいた。とりわけ晩年に、フッサールは(先述の)「原本能」とか「欲動志向性」(衝動志向性)といった概念を用いるようになる。通常、「意志・意欲」は自我に発するが、しかし、右の概念は、自我が関与していない場面で生じる「意志・意欲」的な構成を分析するときに、重要な役割を果たす。もちろん、基礎学・根源学としての現象学は精神分析の概念を前提として用いることはできないし、また「自分自身で考える人」であったフッサールがフロイトと同じ意味でこれらの概念を用いるはずもないが、しかし、これらの概念がフロイトと関連していることは間違いない。フッサールは、フロイトを意外に近く感じていたようである。

フロイトの立場は、心理学的(「精神分析」(Psychoanalyse)は、厳密には「心理分析」

と訳すべきだと思うが「精神分析」があまりに根強く定着してしまった）であって、超越論的ではない。しかも、事実学的であって、本質学的ではない。しかし、フロイトは、経験的な「事実」を忠実に観察・分析した（フロイトは、マッハには関心を示さなかったが、ブレンターノの講義には出席していたようであり、この点でフロイトもウィーン的であった）。そして、晩年のフッサールは、超越論的な「事実」を深く問うようになった。繰り返すが、経験的な「事実」と超越論的な「事実」は同義ではない。経験的事実学は超越論的事実学（形而上学）と同義ではない。それは重々承知だが、しかし、私の見るところでは、経験的事実学としての精神分析を超越論的本質学としての現象学によって基礎づけることができる――その意味で精神分析を一種の超越論的事実学に変更することができる――し、まさにこのことから逆に、超越論的事実学（形而上学）としての現象学を新たな光のもとで浮かび上がらせることができる。そして、かつてないこの試みは、新たな発見への道を拓くだろう。ともかくも、やってみよう。

1、トラウマと反復強迫

本書が注目するのは、フロイトのヒステリーの分析である。フロイトは、大きく分けて二度ヒステリーを取り上げている。このヒステリーは、基本的に心的外傷（トラウマ）に起因するものであるが（じつはフロイトは後年、この考え方から後退するのだが）、最近は、ＰＴＳＤ（心的外傷後ストレス症候群）に注目が集まり、これとの関係でフロイトの理論も見直されている。

さて、フロイトは最初にウィーンの女性たちのヒステリーに出会い、その後、第一次大戦——フッサールも息子ヴォルフガングを一九一六年に失った——後の兵士のヒステリーに出会った。戦争においては砲弾が兵士たちに襲いかかっただろう。その眼前で仲間が無惨に殺された者も多かっただろう。また、塹壕に隠れた者たちは、いわゆる「シェルショック」を経験せざるをえなかっただろう。戦争の——理解を越えた——暴力によって、兵士たちは心的外傷（トラウマ）を被った。

帰還後は、もはや安全なはずである。心の傷は、傷跡を残さずに消え去りそうである。ところが、彼らは、その後もしばしばフラッシュバックしてくる記憶に悩まされた。これをフロイトは「反復強迫」と呼んだ。しかし、この記憶は、患者自身のほうから想起しようとしても、想起できないのである。いわば想起されない記憶である。これは、超越論的現象学的に見ると、どういうものだろうか。

すでに述べたように、現象学的には、想起とは、（現在からはみ出した）把持の連鎖系列を遡りながら取り戻すことである。この場合、把持の連鎖系列があらかじめ成立していることが、想起の可能性の条件になる。通常は、この条件が満たされている。そして、把持の連鎖系列が成立していることは、自我（志向的体験のとりまとめ・中心化）が成立していることと、一体になっていた。

2、予持を越えた体験における驚愕

通常は、把持の志向性とともに予持の志向性も働いている。それによって、自我は、次に到来する出来事にいわば準備ができている。しかも、物事は、たいていそのように進行する。しかし、自我にとってまったく理解不可能な（あまりに異他的な）出来事が到来してしまった場合にはどうなるだろう。

もちろん、こうした不意打ちは、通常、めったに起きない。とはいえ、まだ予持の志向性が十分に働いていない幼児の場合、あるいは、成人でも、予持の志向性をはるかに越えたあまりに理解不可能な・異他的な出来事が到来してしまった場合には、どうだろうか。そういう場合に、人は、通常の「恐怖」とも「不安」とも異なった特殊な「感情」に襲われることになる。フロイトはそれを「驚愕」(Schreck)と呼んでいる。もちろん、驚愕にも程度差があるだろう。しかし、きわめて強い驚愕が起きてしまうような場合には、どうだろう。自我の理解を超えたあまりに異他的な出来事によって、自我そのものが「危機」

に陥り、それとともに、その出来事が把持系列のなかに位置づけられなくなってしまうということも、十分に起こりうるのではなかろうか。

3、無時間的な記憶痕跡

そうしたことが起こると、その記憶は、正常な把持系列の(それゆえ記憶の)なかに位置づけられず、その欠落部分、残余部分、そして、記憶されていても想起されることのない「記憶痕跡」となるだろう。

こうした出来事の原印象的記憶は、把持系列に位置づけられないため、いわば浮遊する。浮遊しているから、不意に現われる(「反復」する)。

こうした浮遊性格は、空想的・想像的なもの(中立的なもの)の性格に似ている――だから、こうした出来事は患者の空想・想像だと誤解されやすい。ところが、空想的・想像的なものは疑似時間のなかに位置づけられているのに、こうした出来事は、疑似時間のなかに位置づけられていない。それは、もちろん、客観的時間のなかにも――本来ここに位置づけられるべきだが――位置づけられていない。それは、どちらの時間のなかにも位置づけられないから、いつも現在的であり、どちらの時間にも現われる。しかし、それは、理念的なものでもない。理念的なものは、経験から「抽出」されて成立するが、それが到来したときには、そもそも抽出がなされる余裕?すらなかった。要するに、それは、本来の実在的なものになるための条件としての時間位置を欠いたまま、しかしまた、中立的なものにも理念的なものにもなりきれずに、《実在的なもの》として浮遊してしまう。あるいは、いわば「居場所」を欠いた《個体的・事実的なもの》として浮遊してしまう。

さらにまた——といっても、詰まるところ、右と同じことであるが——、通常、把持によって時間位置を与えられたものは、その位置が遠ざかるにつれて、しだいに鮮明さを失っていく。しかし、右の出来事は、把持されていないために、遠ざかることもなく、いつまで経っても《原印象的》である。これは、いつまで経っても鮮明なままに、それゆえ、まるで目下の現実のように、「強迫」してくるだろう。

こうした反復強迫の記憶を、フロイトは「無時間的」と特徴づけている。この特徴づけは、右のように基礎づけて理解すれば、それなりの——いくらか補足が必要だとしても——的確さをもっていることがわかるだろう。

4、自我の分裂・解体

右のことは、自我の構造にも反映する。フロイトは、「……二重意識と呼ばれる、きわめて顕著な意識の分裂があらゆるヒステリーに、痕跡的な形においてではあっても存在しており、この解離の傾向……こそが、この神経症の根本現象なのである……」と述べている。フロイトによれば、意識の分裂、解離の傾向、それゆえ統一的な自我の障害が、ヒステリーの根本現象である。

超越論的現象学的に見れば、志向的体験のまとまり・中心化が自我であり、これは原受動性から成立（誕生）した。それが、（トラウマに発する）ヒステリーでは、統一性のない自我分裂、二重人格・多重人格の「危機」に陥っているのである。これが起きると、経験の統一性が失われてしまう。あまりに異他的なものとの遭遇は、こうした「危機」をもたらす。超越論的現象学的に見れば、こうした遭遇は――カント以来、超越論的自我が経験の可能性の条件であったかぎり――経験そのものを不可能にしてしまうような、経験の不可能性の条件となりうるのである。経験の不可能性の条件は一種の超越論的なものであり、これをフロイトの精神分析は示している。いや、精神分析の超越論的現象学的解明が、このことを教えるのである。

5、新たな想起と連合／連想

フロイトは、このような患者の治癒の可能性を、ふたたび想起に求めている。つまり、想起されない記憶を、それでもなお、想起するのである。フロイトは、「われわれは、ヒステリー症状から外傷〔トラウマ〕体験の想起へと至る道程を発見すれば、その症状が解消されうるということを、ブロイアーのおかげで知っております」と述べている。これは、意識の解離（dissociation）を連合／連想（association）にもたらすことでもある。かくして「自由連想法」も有効になる。

この方法は、把持の経過系列に位置づけられなかった浮遊的記憶（あるいは位置づけに抵抗する記憶）を、連合／連想の力を借りて、新たに把持系列のなかに位置づけ直す試みとして理解され直すだろう。不可能になりかけた経験に、その可能性の条件を与え直すのである。そして、これはまた、「危機」にある自我を回復させる試みでもある。

6、死の欲動

しかし、このような「治療」が成功しないこともありうる。このとき、自我の死の問題が現われてしまう。だからこそ、フロイトはこうしたヒステリー／トラウマの分析から「死の欲動」の説を展開した。生物はすべて生以前のいわば静かな状態に帰ろうとする傾向をもつ――涅槃《ねはん》原則――というのである。この「死の欲動」の説は、「事実」を重視するフロイトの議論のなかでは、かなり思弁的である（フロイト自身は科学的仮説だと考えていたが）。

それにしても、自我の死の問題は、現象学の問題でもある（フッサールは超越論的自我の不死性を何度も証明しようとしていたが、それはこの問題が何度も浮かび上がってきてしまったからであり、また未解決だったからである）。自我が、原受動性から誕生して、構成段階を上昇させていく欲動（原本能）をもつ――このことはフッサールも認めていた――とすれば、それは逆に、その構成段階を下降させるような欲動も伴っているのかもしれない。いわば二重動向・二重欲動である。この問題は、残念ながら、まだ現象学的・非思弁的に解明されていない。それゆえ、フロイトの議論についても、基礎づけがなされていない。だが、おそらく、この問題は、あまりに異他的なものとの遭遇による自我の解離の問題と――いわば縦横十文字に――重ね合わせて問われるべき問題であろう。

7、経験的事実学の影から照らし出される超越論的事実学

このように、それぞれの仕方で「事実」に目を向けたフロイトの精神分析とフッサールの現象学は意外にも深い関係にある。一方で、フッサールの現象学はフロイトの精神分析を（一部を除いてほとんど完璧に）超越論的に解明し、基礎づけることができる。この基礎づけによって、精神分析は一種の超越論的事実学となる。他方で、フロイトの精神分析は、じつは、経験を不可能にする条件（経験の不可能性の条件）に関わっていたというこ

とが明らかになる。そしてこのとき、超越論的現象学は、精神分析が示す経験の影（経験の不可能性の条件）のほうから、白黒反転的に、おのれの経験の光（経験の可能性の条件）を捉え直すことができるだろう。

超越論的自我が成立しているというのは、超越論的自我にとっては、なんの必然性もない「原事実」である。今マッハ的光景を見ている超越論的自我がそもそも成立しなかったということや、また成立しても（異他的なものとの関係のなかで）すぐ解体してしまうということが十分にありえたにもかかわらず、超越論的自我は「原事実」として成立している。あるいは、異他的なものに遭遇した超越論的自我が構成する世界が唯一的であるという「原事実」も、そうである。いつバラバラに壊れてもおかしくないのに、これらの「原事実」が成立している。これは、ある意味ではまったく自然なことにすぎないが、しかしまた、別の意味では、まさに驚くべきこと、ほとんど奇蹟的なことではなかろうか——なによりもフロイトの患者たちが被った暴力が稀なことでないとすれば。

超越論的事実学（形而上学）は、経験的な事実学との白黒反転的な関係のなかで、こうした驚きにさらされることになる。もちろん超越論的自我が成立していなければ、こうした驚きすらも不可能だとは言えるが、しかし、そう言ったからといって、こうした驚きがなくなるわけではない。それは、むしろ、超越論的自我が存在することそれ自体と一体化した驚きなのである。誕生と死の事実、他者との関係の事実、世界唯一性の事実、これらはこの驚きによって新たな問いを促す。

現象学の新たな始原

フッサールは、一九一一年に『厳密学としての哲学』を現象学のマニフェストとして刊行した。そして、晩年の一九三五年に「……厳密学としての哲学……、その夢は見果てられている」と書き記した。これは、フッサールが厳密学の夢を見果てたということではない。当時の状況を嘆いた言葉である。フッサールはあくまでも、諸学問を直接経験から基礎づける「厳密学としての哲学」をめざしていたのである。しかしながら、その厳密学としての哲学も、最初の構想（本質学としての第一哲学）どおりには実現されず、最晩年に事実／原事実を問う形而上学へと逢着した。

この形而上学の問題射程を示すために、本書は現象学と精神分析を——それぞれの領分に隔離させず、むしろ、互いを（einander）その外にさらす（aussetzen）ことによって——「対決」（auseinandersetzen）させたが、これは、あくまでも本書なりのひとつの試みにすぎない。おそらく、たとえば「統合失調症」の精神医学には、さらに深い対決が必要になるだろう。

しかし、この試みだけからでも、現象学の新たな問いが浮かび上がってくる。私の経験はいつもそれを不可能にするような条件に脅かされているにもかかわらず、しかし、事実として、私が成立（誕生）したし、しかも、たえず新たに成立しつづけている（存在しつづけている）。では、私の死はどうだろう。もし私の死が現象学的に認められるとするならば、それはどういう事態なのか。それは、自然なことなのか、それとも……。それに対して、私はどういう態度を取るのか。拒絶するのか、受容するのか、それとも……。さらに問いは進展する。この誕生から死までのあいだに何度か不意打ち的に到来する異他的な他者に対して、私はどういう態度を取るのか。排除するのか、歓待するのか、それとも……。そして、あなたは……。

これらの問いは、その答えの如何が――経験の内部での事柄を越えて――経験そのものの可能性／不可能性の条件に関わってしまうような問いである。言い換えれば、その答えの如何が、私の経験そのものが解体してしまうという「危機」にもつながっている問いである。それゆえ、こうした問いは、おそらく狭義の「解釈」――経験の可能性の条件を揺るがさない安全な解釈――も越えたところを指し示している。このように見るとき、諸学問の「危機」を受けとめて出発し、そこから徹底化された学問――超越論的事実学（形而上学）――は、生そのものに（ふたたび）深く関わるだろう。

現象学者を自認する私としては、「自分自身で考える人」としてのあなたと「ともに哲学すること」をとおして、現象学の道を「解・説」することができ、そして、その道の前方に新たに問うべき事象をひとつでも示すことができたとすれば、それで満足することにしよう。この道を通って現象学の新世代はまた新たな事象を発見するだろう。そのとき、現象学はふたたび新たに始原するだろう。この運動こそが現象学である。

現象学の基本用語集

直接経験――物を見る、物に触るなどの具体的な経験。科学や論理学の基礎はここにある。マッハはここに「**志向性**」を見落とした。

生活世界――直接経験の世界と重なるが、意味の射程はより広い。ここでは「私」は「あなた」と「人格」同士の社会的関係や歴史的関係を作っている。

志向性・志向的体験・意識――物（たとえばサイコロ）が見えるというのは、サイコロの「**諸現出**」（物の現われ出ている面。サイコロでいえば三や五の面）が遠近法的に「**感覚**」されるだけでなく、それらを**媒介**にして「**現出者**」（面を現わしている当のもの。サイコロそのもの）がキュービズム的に「**知覚**」されるということ。私たちは諸現出を**突破**して現出者を見る。この媒介・突破の働きが「**志向性**」である。

突破される諸現出は**非主題的**に「**体験**」（感覚）されるだけだが、現出者は**主題的**に「**経験**」（知覚）される。このことが起こる場面が、「**志向的体験**」である。

「**意識**」とはこの志向的体験の別名。それゆえ「意識」は主題的な成分だけでなく、(通常の語義と違って)非主題的な成分を含む。

物は、ふつう意識から離れて(「**超越**」して)意識の外に「**存在**」すると思い込まれているが、しかし、物は現出者であり、諸現出から(それゆえこれらを突破する志向性から)切り離されない。現出者は諸現出といつも「**相関的**」である。

ノエマ――諸現出から離されず、一体的に捉えられたかぎりでの現出者。これは、「ノエマ的意味」と「基体」、「時間位置および空間位置」、「存在」といった諸成分をもち、これらが論理学の基礎となる。

実在的・理念的・中立的――「存在」の区別。時間との関係によって決まる。世界の〈存在〉は、このいずれでもない。なお、フッサールにとって、「実存」(Existenz)の語は、意識(表象)の「外に」(ex)立つといった意味をもつ。

アプリオリ――時間位置をもたないものの存在論的特性。「**理念的・本質的**」などと重なる。時間位置をもつものは、**アポステリオリ**(「**実在的・事実的**」などと重なる)。

形相――物が「何」であるかを決めている不可欠な（**本質的**）成分。**アプリオリ**な成分であり、ノエマ的意味のなかに含まれている。これを得る作業（想像を用いることができる）が「**形相的還元**」である。

超越論的――物が意識を「**超越**」している（＝意識の外に「**存在**」している）と信じられていることが、いかにして可能かを問う態度。しかし、私たちは、意識の外に出て物の超越＝存在を確認してはおらず、意識の〈内部〉で物に超越＝存在を認めている。このように認めることが「**存在措定**」、「**存在の構成**」である。

超越＝存在が構成される場面での直接経験（志向的体験）が、「**超越論的主観性**」。いったん物が超越＝存在しているという信憑を中断（**エポケー＝判断中止**）して、超越論的主観性に戻ることが「**超越論的還元**」である。

『イデーン』以後、フッサールは、**純粋現象学**によって、カント的な「超越論哲学」――認識や経験を可能にするアプリオリな条件そのものを認識する――にいくらか近づいた。

純粋現象学――現象学は、超越論的還元と形相的還元を遂行して、純粋現象学となる。

あとがき

本書を読んで、現象学という哲学に興味をもっていただけただろうか。現象学は、自分に見えるものを、その始原から語ることを可能にする学問であり、そうする勇気を与えてくれる学問である。このことが理解いただけたとすれば、著者の私としてはまことに嬉しいかぎりである。そのうえで、読者のあなたがもっと本格的に現象学を知りたい――ともに哲学したい――とお望みならば、ぜひ参照していただきたい本がある。拙著でしかも高価なので恐縮だが、『意識の自然――現象学の可能性を拓く――』（勁草書房）である。より学術的に――しかし、本書を読み終えたあなたは、より大きな知的な楽しみを感じながら――自分自身で考えていただけると思う。

さて、もうひとつ、この「あとがき」の場を借りて、私個人に関わることを書かせていただきたい。右の拙著の刊行が機縁となって、私は、講談社の上田哲之さんから本書の執筆依頼を受けた。しかし、私の病のため、本書の執筆はなかなか進まなかった。いや、そもそも、病が発見されたとき、いくつかの幸運と主治医の適切なアドバイスとがなかったら、本書は執筆すらされなかっただろう。この「危機」を救っていただいた小林滋・澄子両先生に心からお礼を申し上げたい。そして、その後、上田さんには執筆の遅れでご迷惑をおかけすることになったが、にもかかわらず、数々の適切な示唆をいただいた。お詫びとともに、お礼を申し上げたい。

手術から二年半ほど経ったが、その間、いろいろな面で苦しいこともあった。しかし、私の存在の「事実」は、多くの人々に、多くの「他者」に、支えられてきた。私が返せるのは感謝だけである。せめて深く深く感謝申し上げたい。

二〇〇二年八月

谷　徹

追記——本書の書名については最後まで迷った末、『これが現象学だ』に決めた。永井均氏の『これがニーチェだ』（講談社現代新書）を思い出す人もいるだろうが、フッサール（本書七三頁）と同様、私も言葉のオリジナリティにはこだわらない（そもそも言葉にどれだけオリジナリティがあるだろうか）。なにより、これが本書の特徴を最もよく表わす書名だと思う。誤解されることが多い現象学だからこそ、本書で、真の現象学に触れていただきたい。

N.D.C. 110　262p　18cm
ISBN4-06-149635-2

講談社現代新書　1635

これが現象学《げんしょうがく》だ

二〇〇二年一一月二〇日第一刷発行　二〇一五年四月二日第一八刷発行

著　者　谷《たに》　徹《とおる》　©Tohru Tani 2002

発行者　篠木和久

発行所　株式会社講談社
東京都文京区音羽二丁目一二―二一　郵便番号一一二―八〇〇一
電　話　〇三―五三九五―三五二一　編集（現代新書）
〇三―五三九五―五八一七　販売
〇三―五三九五―三六一五　業務

カバー・表紙デザイン　中島英樹

印刷所　株式会社ＫＰＳプロダクツ

製本所　株式会社ＫＰＳプロダクツ

定価はカバーに表示してあります　Printed in Japan

「講談社現代新書」の刊行にあたって

教養は万人が身をもって養い創造すべきものであって、一部の専門家の占有物として、ただ一方的に人々の手もとに配布され伝達されうるものではありません。

しかし、不幸にしてわが国の現状では、教養の重要な養いとなるべき書物は、ほとんど講壇からの天下りや単なる解説に終始し、知識技術を真剣に希求する青少年・学生・一般民衆の根本的な疑問や興味は、けっして十分に答えられ、解きほぐされ、手引きされることがありません。万人の内奥から発した真正の教養への芽ばえが、こうして放置され、むなしく滅びさる運命にゆだねられているのです。

このことは、中・高校だけで教育をおわる人々の成長をはばんでいるだけでなく、大学に進んだり、インテリと目されたりする人々の精神力の健康さえもむしばみ、わが国の文化の実質をまことに脆弱なものにしています。単なる博識以上の根強い思索力・判断力、および確かな技術にささえられた教養を必要とする日本の将来にとって、これは真剣に憂慮されなければならない事態であるといわなければなりません。

わたしたちの「講談社現代新書」は、この事態の克服を意図して計画されたものです。これによってわたしたちは、講壇からの天下りでもなく、単なる解説書でもない、もっぱら万人の魂に生ずる初発的かつ根本的な問題をとらえ、掘り起こし、手引きし、しかも最新の知識への展望を万人に確立させる書物を、新しく世の中に送り出したいと念願しています。

わたしたちは、創業以来民衆を対象とする啓蒙の仕事に専心してきた講談社にとって、これこそもっともふさわしい課題であり、伝統ある出版社としての義務でもあると考えているのです。

一九六四年四月　　**野間省一**

哲学・思想I

66 哲学のすすめ――岩崎武雄
159 弁証法はどういう科学か 三浦つとむ
501 ニーチェとの対話――西尾幹二
871 言葉と無意識――丸山圭三郎
898 はじめての構造主義 橋爪大三郎
916 哲学入門一歩前――廣松渉
921 現代思想を読む事典 今村仁司 編
977 哲学の歴史――新田義弘
989 ミシェル・フーコー 内田隆三
1001 今こそマルクスを読み返す 廣松渉
1286 哲学の謎――野矢茂樹
1293 「時間」を哲学する――中島義道
1315 じぶん・この不思議な存在――鷲田清一
1357 新しいヘーゲル――長谷川宏
1383 カントの人間学――中島義道
1401 これがニーチェだ――永井均
1420 無限論の教室――野矢茂樹
1466 ゲーデルの哲学――高橋昌一郎
1575 動物化するポストモダン 東浩紀
1582 ロボットの心――柴田正良
1600 ハイデガー=存在神秘の哲学――古東哲明
1635 これが現象学だ――谷徹
1638 時間は実在するか 入不二基義
1675 ウィトゲンシュタインはこう考えた 鬼界彰夫
1783 スピノザの世界――上野修
1839 読む哲学事典――田島正樹
1948 理性の限界――高橋昌一郎
1957 リアルのゆくえ――大塚英志 東浩紀
1996 今こそアーレントを読み直す――仲正昌樹
2004 はじめての言語ゲーム――橋爪大三郎
2048 知性の限界――高橋昌一郎
2050 超解読! はじめてのヘーゲル『精神現象学』 竹田青嗣 西研
2084 はじめての政治哲学 小川仁志
2099 超解読! はじめてのカント『純粋理性批判』 竹田青嗣
2153 感性の限界――高橋昌一郎
2169 超解読! はじめてのフッサール『現象学の理念』――竹田青嗣
2185 死別の悲しみに向き合う――坂口幸弘
2279 マックス・ウェーバーを読む――仲正昌樹

哲学・思想Ⅱ

13 論語——貝塚茂樹
285 正しく考えるために 岩崎武雄
324 美について——今道友信
1007 日本の風景・西欧の景観——オギュスタン・ベルク 篠田勝英 訳
1123 はじめてのインド哲学 立川武蔵
1150 「欲望」と資本主義——佐伯啓思
1163 「孫子」を読む——浅野裕一
1247 メタファー思考——瀬戸賢一
1248 20世紀言語学入門 加賀野井秀一
1278 ラカンの精神分析——新宮一成
1358 「教養」とは何か——阿部謹也
1436 古事記と日本書紀 神野志隆光

1439 〈意識〉とは何だろうか 下條信輔
1542 自由はどこまで可能か 森村進
1544 倫理という力——前田英樹
1560 神道の逆襲——菅野覚明
1741 武士道の逆襲——菅野覚明
1749 自由とは何か——佐伯啓思
1763 ソシュールと言語学——町田健
1849 系統樹思考の世界——三中信宏
1867 現代建築に関する16章 五十嵐太郎
2009 ニッポンの思想——佐々木敦
2014 分類思考の世界——三中信宏
2093 ウェブ×ソーシャル×アメリカ 池田純一
2114 いつだって大変な時代——堀井憲一郎

2134 いまを生きるための思想キーワード——仲正昌樹
2155 独立国家のつくりかた 坂口恭平
2167 新しい左翼入門——松尾匡
2168 社会を変えるには——小熊英二
2172 私とは何か——平野啓一郎
2177 わかりあえないことから 平田オリザ
2179 アメリカを動かす思想 小川仁志
2216 まんが 哲学入門——森岡正博 寺田にゃんこふ
2254 教育の力——苫野一徳
2274 現実脱出論——坂口恭平
2290 闘うための哲学書——小川仁志 萱野稔人
2341 ハイデガー哲学入門 仲正昌樹
2437 ハイデガー『存在と時間』入門——轟孝夫

宗教

世界史Ⅰ

世界史Ⅱ

959 東インド会社――浅田實
971 文化大革命――矢吹晋
1085 アラブとイスラエル 高橋和夫
1099 「民族」で読むアメリカ 野村達朗
1231 キング牧師とマルコムX 上坂昇
1306 モンゴル帝国の興亡〈上〉――杉山正明
1307 モンゴル帝国の興亡〈下〉――杉山正明
1366 新書アフリカ史――宮本正興 松田素二 編
1588 現代アラブの社会思想 池内恵
1746 中国の大盗賊・完全版――高島俊男
1761 中国文明の歴史――岡田英弘
1769 まんが パレスチナ問題 山井教雄
1811 歴史を学ぶということ 入江昭
1932 都市計画の世界史――日端康雄
1966 〈満洲〉の歴史――小林英夫
2018 古代中国の虚像と実像 落合淳思
2025 まんが 現代史――山井教雄
2053 〈中東〉の考え方――酒井啓子
2120 居酒屋の世界史――下田淳
2182 おどろきの中国 橋爪大三郎 大澤真幸 宮台真司
2189 世界史の中のパレスチナ問題 臼杵陽
2257 歴史家が見る現代世界 入江昭
2301 高層建築物の世界史 大澤昭彦
2331 続 まんが パレスチナ問題 山井教雄
2338 世界史を変えた薬 佐藤健太郎
2345 鄧小平――エズラ・F・ヴォーゲル 聞き手＝橋爪大三郎
2386 〈情報〉帝国の興亡――玉木俊明
2409 〈軍〉の中国史――澁谷由里
2410 入門 東南アジア近現代史 岩崎育夫
2445 珈琲の世界史――旦部幸博
2457 世界神話学入門――後藤明
2459 9・11後の現代史 酒井啓子

世界の言語・文化・地理

趣味・芸術・スポーツ

日本語・日本文化

P